揺れ動く時代におけるキリスト者の使命

日本はどこへ行き、私たちはどこに立つのか？

中村 敏［著］

いのちのことば社

はじめに

今、日本は戦後の歴史のなかで最も大きな岐路に立っています。一九四五年八月十五日、日本は侵略戦争の結果としての未曾有の敗戦を経験しました。そこから七十一年間、世界に類を見ない、戦争放棄を宣言した新憲法のもと、何とかここまで日本は戦争を仕掛けず、また戦争に巻き込まれずに歩んでくることができました。

しかし近年、日本は教育、マスコミ、治安等社会秩序をめぐる問題において、どんどん個人の権利や自由が制限され、代わりに国家の権限が強化されつつあります。とりわけ安倍政権のもとでこの傾向はいっそう顕著になり、二〇一五年ついに安保関連法が成立し、自衛隊の海外派兵が拡大されることになりました。まさに日本は戦争をできない国から、戦争のできる〝普通の国〟へと大転換しつつあるのです。

私は、そうした危機意識のなかで本書を執筆しました。この本は、最近行った講演や論文の中から七篇を選び、加筆修正し、まとめたものです。第一部では、最近の安保関連法の問題を中心に取り上げました。その際、現在の日本や世界の進んでいる道が、一九三〇年代のそれと共通点が非常に多いという歴史認識のもとにまとめました。そこで、戦前の日本の教会の、戦争や国策への対応を教訓や警告として考察します。

そして同じく、ファシズム下に置かれたドイツの状況とそれに対する告白教会の抵抗を取り上げました。さらに、同じような戦いを日本の植民地支配下の韓国で担い、殉教の道を選んだ朱基徹《チュキチョル》の闘いと日本の教会との関わりを取り上げます。第一部の最後で、日本の教会が大勢としては、日本基督教団に見られるように国策に妥協したなかで、日本でも非戦平和の闘いを担った例として浅見仙作を紹介します。

第二部では、日本の教会の歴史や特色、現状を考察しながら、今後の宣教の課題や展望をまとめてみました。

本書を読まれた方々が、今日私たちの国・日本がどこに向かおうとしているのか、そのなかで私たちキリスト者はどう考え、どう行動すべきかを判断するうえで、大きな助けとなり、励ましとなることを心から願っています。

目次

第一部　戦争と平和を考える

第一章　日本はどこへ行くのか――安保法後の日本と私たちキリスト者

「平和をつくる者は幸いです。その人たちは神の子どもと呼ばれるから。」（マタイ五・九）

今日は、「日本はどこへ行くのか――安保法後の日本と私たちキリスト者」という大きなテーマを掲げました。イエス・キリストは山上の説教の八つの幸いの中の一つに、「平和をつくる者（Peace maker）」を入れられました。イエス・キリストは、この説教をヘブル語（あるいはアラム語）で語られましたが、「平和」という言葉は、ヘブル語で「シャローム」です。神と人との間に罪が入り込んだとき、それまでの信頼関係に亀裂が入り、神と人とが対立関係になりました。イエス・キリストが語られた平和とは、まず神と人との間の和解であり、信頼関係の回復です。その縦軸のもとに、人と人、民族と民族、国と国との横軸に和解が生まれ、平和が築かれます。そしてこのみ言葉によれば、平和とは自然にあるものではなく、私たちが祈り求め、つくり出していくものだということです。

しかし人類の歴史を振り返るとき、現実はどうだったでしょうか。ある研究によると、人間の歴史において世界のどこかで戦争のなかった期間よりも、あった期間のほうがはるかに長いとされています。ですから、「汝、平和を欲さば、戦への備えをせよ！」という格言が、古代ギリシャやローマの時代以来知られているわけです。これは、自国の平和を守るためには、戦争に備えて武装する必要があるという自衛の思想であり、多くの時代、多くの国々で支配的になっています。現在の日本で安倍政権が進めている集団的自衛権の行使容認も、まさにこうした論理に基づいています。

ところがイエス・キリストは、「剣をもとに納めなさい。剣を取る者はみな剣で滅びます」（マタイ二六・五二）と、武力による解決ではなく、平和主義を唱え、自ら実行されました。今年施行七十年を迎えた日本国憲法の第九条は、戦争放棄による平和主義を高らかに宣言した、世界に比類なきものであり、聖書の精神とも結びつくものだと言えます。


「日本国民は、正義と秩序を基調とする国際平和を誠実に希求し、国権の発動たる戦争と、武力による威嚇《いかく》又は武力の行使は、国際紛争を解決する手段としては、永久にこれを放棄する。」（第九条第一項）

けれども特に二十一世紀の現代では、対話や交渉ではなく、武力には武力で対抗する以外に平和や秩序が守れないとする論理と行動が圧倒的になっています。日本では安倍政権のもと、自衛隊の恒久的海外派兵に道を開く安保関連法案が、多くの国民、野党、有識者の反対を押し切り、二〇一五年九月に強行可決され、今年の三月に施行されました。まさに今日本は、戦争のできる〝普通の国〟に向かって突き進んでいます。

聖書をもう一か所お読みします。エゼキエル書三三章二、三節です。「わたしが一つの国に剣を送るとき、その国の民は彼らの中からひとりを選び、自分たちの見張り人とする。剣がその国に来るのを見たなら、彼は角笛を吹き鳴らし、民に警告を与えなければならない。」

国の危機の時に見張り人として警告を発した預言者エゼキエルや他の預言者たちのように、私たちも、この時代にあって日本の平和のため、世界の平和のための見張り人として神様から立てられています。残念ながら戦前の日本のキリスト教会は、天皇制軍国主義と妥協して侵略戦争に協力し、見張り人としての使命を果たすことができませんでした。私たちはそうした過去の歴史の反省を生かしつつ、今私たちに託されている平和をつくり出す使命を他の人々とともに担っていきたいと思います。

1　過去の歴史から学ぶ——特に一九三〇年から四〇年代の日本の歴史を中心として——

私は日本の近代史の学びから、日本が戦争への道を踏み出していった一九三〇年代（昭和初期）の状況と現在がよく似ていると思っています。一九三〇年代前半から四〇年代にかけ、日本の政府は国民や民主勢力の反対を押し切って、軍機保護法改正（一九三七年）、治安維持法改正（一九二八年および一九四一年）、国防保安法（一九四一年）を成立させ、軍事や国家機密に関して国民の知る権利を厳しく制限し、国策に対する批判を弾圧しました。そして、一九三六年の二・二六事件や翌年の日中戦争開始後、新聞・ラジオは完全に政府・軍部の統制下に置かれ、批判的言論は一切禁止され、国策の宣伝機関となってしまいました。その結果が、戦争遂行に対する批判や表現の自由を封じ、アジア・太平洋戦争の惨禍《さんか》を生む大きな要因となりました。

ここ数年の出来事を見ると、安倍政権は国家安全保障会議（日本版ＮＳＣ）を設置し、特定秘密保護法を施行して情報を管理統制してきました。さらに、教育への統制の強化、ＮＨＫに代表されるマスコミの統制の強化を図っています。そして、二〇一四年七月の集団的自衛権の行使容認の閣議決定、二〇一五年九月のそれに基づく安保関連法案の強行可決です。これは、本格的な自衛隊の海外派兵に道を開くものです。こうした状況と一九三〇年代から四〇年代初期の日本の歴史を比べてみましょう。

① 満州事変からアジア・太平洋戦争へ

昭和に入って間もない一九二七年、当時の著名作家である芥川龍之介が「ぼんやりした不安」という言葉を遺書に残して自殺しました。暗い昭和の幕開けを象徴する出来事でした。日本をはじめとする先進諸国が戦争へと踏み出していく原因は、一九二九年にアメリカのウォール街から始まった世界大恐慌にあります（ちなみに、規模は違いますが、二〇〇八年のアメリカ発のリーマン・ショックが日本をはじめ世界に影響を及ぼしたのと似ています）。日本では不況による企業の倒産、失業者の急増、農村における子女の身売りなどの不安と混乱が激しくなりました。こうした社会不安を打破するために支配層が活路に求めたのは、中国大陸への植民地支配の拡大でした。当時の指導者のスローガンは、「満蒙（満州とモンゴル）は日本帝国の生命線（ライフライン）である！」というものでした。時の内閣は「一〇〇万戸満州移民計画」を打ち出し、その移民の窓口となったのが日本海側の新潟港です。

軍部による満州事変勃発にあたり、最初、内閣は事態不拡大方針を取りました。歴史に「もし」という言葉は禁句だとされますが、もしここでとどまっていたら、あるいは日中全面戦争、そしてアジア・太平洋戦争にまで発展しなかったかもしれません。しかし、軍部に迎合したマスコミが事態拡大を大いにあおり立て、国民も満州侵略を熱狂的に支持しました。

一九三三年、日本は傀儡《かいらい》国家満州国の樹立を国際的に非難され、国際連盟を脱退します。この年に神社参拝を拒否した美濃ミッションへの弾圧が起き、軍国主義体制による信教の自由への弾圧が激しくなっていきます。そしてこの年、ドイツでは社会不安と不満があふれるなか、ヒトラー率いるナチス党が政権の座に着き、全権委任法を成立させます。そして当時世界で最も民主的とされたワイマール憲法を骨抜きにし、ユダヤ人迫害からホロコーストへと突き進んでいきました。

一九三四年に日本の陸軍がパンフレットを発行しますが、そこでは「戦いは創造の父、文化の母である」と謳いあげ、戦争遂行を称揚しました。五・一五事件、二・二六事件と軍部によるクーデターが相次ぎ、軍国主義が拡大し、政党政治は終焉《しゅうえん》を迎えました。

一九三七年には日本の軍部によって盧溝橋《ろこうきょう》事件が引き起こされ、日中戦争が本格化していきます。このころはやった言葉が、「バスに乗り遅れるな」というもので、軍国主義一色に国民と国家が突き進んでいきました。この年に軍の機密を保護するための「軍機保護法改正案」が成立します。翌年の一九三八年に入ると、「国家総動員法」が公布され、政党は解散となり、いわゆる大政翼賛会体制ができあがります。そしてこの国家総動員法の宗教版が、一九三九年成立した「宗教団体法」です。これは神社以外のすべての宗教団体を国家の統制下に置くものです。翌年、救世軍スパイ事件が起きます。これは、救世軍の幹部がイギリスのスパイを働いたとして憲兵隊に逮捕された冤罪《えんざい》事件でしたが、この事件は欧米のミッションと関係が深い教会への強い圧力となり、教会合同に拍車がかかりました。

一九四一年、「治安維持法」が改正されました。これは国体を否定したり、神社や皇室を冒瀆《ぼうとく》したりする恐れのあるあらゆる団体を取り締まることを目的とする法律で、以前はそうした行為が処罰の対象でしたが、この改正によって、そうした思想や教義を持っているとみなされるだけで処罰の対象となる、恐るべき法律となりました。そして同じころ、国家機密の内政的な機密を保護する「国防保安法」が成立します。こうした国内的な体制を確立したうえで、日本政府はついに一九四一年十二月八日、アメリカとの戦争に踏み切りました。

②　宮沢・レーン事件

こうした状況下で、一九四一年十二月、宮沢・レーン事件が起きました。この事件は、当時北海道帝国大学の学生であった宮沢弘幸が、根室飛行場の存在をアメリカ人宣教師で、北大で英語を教えていたレーン宣教師夫妻に茶話会の席で知らせ、それをレーン宣教師がアメリカの大使館員に漏らしたというまったくの冤罪事件でした。しかも根室飛行場の存在は報道されており、多くの道民にとっては公知の事実でした。

当時の政府は「軍機保護法」を制定するとき、この法律によって一般国民が処罰されることは想定されないと議会で答弁していました。安倍政権下で特定秘密保護法が強行可決されたときにも、政府側がこの法律によって一般国民が処罰されることは絶対にないと答弁していたのと似ています。

結局、宮沢青年とレーン宣教師夫妻は逮捕され、戦時下の秘密裁判を受けました。宮沢とレーン宣教師は懲役十五年、レーン夫人は懲役十二年の重い判決を受けました。レーン夫妻は捕虜交換船によってアメリカへ国外退去となり、宮沢青年は服役し、戦後釈放されましたが、服役中の病気が原因で死亡します。これはまったくの捏造《ねつぞう》事件でしたが、戦時中の秘密裁判でしたから、国民にはまったく知らされませんでした。担当弁護士は裁判の内容を他人に話せば自らも逮捕される恐れがあり、被告の家族にすら裁判の様子を話すことができませんでした。

今回の特定秘密保護法も、何が国家秘密となるか公にされていませんから、国家秘密とは知らずに特定秘密に抵触した人が摘発される可能性があります。逮捕に至らなくても、強い萎縮効果をもたらします。

一九四二年には、治安維持法違反としてホーリネス系の教職者、信徒が翌年の検挙と合わせると一三四人検挙され、七五人が起訴され、獄死者とそれに準ずる死者は合計七名となり、日本のキリスト教史上最大の弾圧事件となりました。

③ 敗戦から日米安全保障条約へ

一九四五年八月、広島、長崎に相次いで原爆が投下され、ソ連軍の参戦を受け、ついに日本政府はポツダム宣言を受諾し、無条件降伏します。一九四五年八月十五日から一九五二年四月までの間、日本は進駐軍下に置かれますが、実態はアメリカが支配します。戦後いち早くアメリカのトルーマン大統領は、日本を支配したＧＨＱ（連合国軍総司令部）最高司令官のマッカーサー元帥に次のように指示します。「日本占領の究極の目的は、日本が再び米国の脅威となり、又は世界の平和と安全の脅威となる事無きよう保証すること」と。

こうした方針やポツダム宣言に基づき、日本から軍国主義を一掃し、民主化のための政策が矢継ぎ早になされていきます。一九四六年十一月に現在の日本国憲法が公布され、一九四七年五月三日に施行されます。今年は憲法公布七十周年の記念すべき年です。現行憲法の三本柱は、①国民主権（主権在民、明治憲法は主権在君）、②平和主義（戦争放棄）、③基本的人権の尊重（思想・信教・表現・結社の自由等）です。明治憲法は、国民の権利ではなく「臣民の義務」が定められ、信教の自由はあくまでも「臣民の義務に背かない限り」という条件付きのものでした。

現在の安倍政権は安倍首相の在任中に憲法改正を公言していますが、二〇一二年発表の自民党憲法改正試案では、天皇は国家元首、自衛隊は国防軍となり、思想・信教や表現の自由は無条件ではなく、公益の名のもとに制限されうるものとなっています。

一九四七年当時の文部省は、新制中学生向けの教材として『あたらしい憲法のはなし』を発行しました。このなかでは、「日本の国が決して二度と戦争しないために」、戦争放棄と再軍備の否定を記した文章に続き、「日本は正しいことを、他の国よりも先に行ったのです。世の中に正しいことぐらい強いものはありません」と高らかに宣言しました。しかしその後の東西冷戦、朝鮮戦争の勃発に伴う逆コース現象のなか、この教材はいつしか消えてしまいました。

一九五二年四月、日本はサンフランシスコ講和条約に調印し、独立を果たします。しかしこのとき日本はアメリカと日米安全保障条約を結び、極東における「反共の防波堤」として、アメリカの対極東戦略、世界戦略の中にしっかりと組み込まれ、今日に至っています。そしてその延長上に、今回の集団的自衛権の行使容認に基づく自衛隊の海外派兵の拡大、日米防衛協力の強化があるのです。

2　戦前の日本の教会の国策への協力

①　戦前の日本の教会の体質

ご承知のように、日本のプロテスタント宣教は一八五九年、アメリカの宣教師によって始められました。当時はまだキリスト教の伝道は厳しく禁止されていました。一八七三年に、とりあえずキリスト教の宣教が黙認されてからも、江戸時代以来のキリスト教邪宗観に基づく偏見や迫害は続きました。そのような状況下で宣教師や彼らに導かれた日本人教職者、信徒は熱心に伝道して、教会を形成していきました。戦前の日本のキリスト教の歩みを概観すると、国家との関係においては、少数者として絶えず日本の国家や社会から認知され、市民権を得ようとする傾向がありました。そうした傾向に拍車をかけたのが、内村鑑三の不敬事件です。

内村鑑三の不敬事件（一八九一年）

明治期におけるキリスト教と国家との対立を象徴するものが、一八九一年、第一高等中学校で起きた不敬事件です。一八八〇年代の終わりごろ、それまでの極端な欧化主義政策の反動として、天皇を頂点とする国家主義政策が強力に推進されました。この政策の仕上げが、一八八九年の大日本帝国憲法の発布であり、翌年の教育勅語の渙発《かんぱつ》でした。こうした背景のなかで、不敬事件が起きました。

一八九一年一月に第一高等中学校の嘱託教員をしていた内村鑑三は、教育勅語の奉読式の際、自分の信仰に基づいて最敬礼をせず、敬礼のみをしました。この行為がたちまち大問題となり、その結果、内村は事実上の免職処分となります。そして当初、内村個人に向けられていた世論の非難は、次第にキリスト教そのものに向けられていきました。

この事件を通し、キリスト教は日本の国体と相容れない宗教だとの見方が国民の間に広く浸透しました。だからこそ教会は、日本の国体と相反するものではないとして、社会から認知されようと努めました。その代表的な例が、一九一二年の三教会同です。

三教会同（一九一二年）

明治時代の終わり、一九一二年に内務大臣原敬《たかし》は神道・仏教・キリスト教の代表者を招いて、国民道徳の振興を図るために宗教界の協力を要請し、食事をともにして歓談の時を持ちました。華族会館で持たれたこの会合で、出席した宗教家たちは、政府の呼びかけに応え、政府に協力して国民道徳の振興を図ることを決議しました。

私は、このときのキリスト教会の反応に注目したいと思います。日本のプロテスタント教会の最大教派である日本基督教会を代表して参加した井深梶之助は、今までキリスト教は「別物視され、継子《ままこ》扱いにされてきた」が、これでキリスト教がようやく神道・仏教と同等の待遇を受けたと大歓迎しています。井深だけでなく、多くのキリスト者もこの会合とそこでなされた決議を受け入れ、キリスト教が政府から認知されたと歓迎しました。反対したのは、柏木義円ほか実に少数でした。柏木は、この会合は政府の宗教利用であり、宗教は自らの真理性に立って伝道すべきであり、政府の保護によって生きるべきではないと主張し、反対を表明しました。

この後の歩みを見ていくと、柏木が懸念したとおり、この出来事はキリスト教会が天皇制国家主義体制に順応し、組み込まれていく大きな一歩であると言うことができるでしょう。

② 戦時下の日本基督教団の成立と国策への協力

それでは次に、日中戦争からアジア・太平洋戦争へと向かっていった日本の歴史のなかで、日本の教会がどのような歩みをしていったかを取り上げたいと思います。その際申し上げたいのは、こうした過去の歴史を取り上げるとき、平和な戦後に生きている今の私たちが、この時代の人々の対応を、なんと妥協的なのかとただ批判するのではなく、自分がその時、その場にいたらどうしただろうかと問うということです。

日本基督教団統理による伊勢神宮参拝

一九四一年六月、当時の日本における三四のプロテスタント教会の諸教派が合同し、キリスト教史上初の合同教団「日本基督教団」が成立しました。私は拙著『日本キリスト教宣教史』（いのちのことば社）において詳しく考察しましたが、結論的に言えば、これは国家の圧力を受けての国策への妥協による合同であると考えます。その創立総会では、「われら基督信者であると同時に日本臣民であり、皇国に忠誠を尽くすを以て第一とす」と宣言されました。

この日本基督教団の初代統理として絶大な権限を持ったのが、合同前の最大教派、日本基督教会出身の富田満です。富田は、戦前では保守的な聖書主義に堅く立った神戸神学校を卒業し、渡米留学してプリンストン神学校でも学んだ人です。その彼が日本基督教団を代表して、一九四二年一月、伊勢神宮を参拝したのでした。当時の教団機関誌では、次のように報じられています。

「富田統理は十日夜行にて出発し、鈴木総務局長を帯同して十一日朝、伊勢大廟《たいびょう》に参拝せられた。而して我が教団における新教団の発足を報告し、その今後における発展を祈願せられた。」

いかに国家権力の強い圧力があったとはいえ、一国のプロテスタント教会の最高指導者が新教団の発足を神前（伊勢神宮は天照大御神を祭る国家神道の総元締めの神社です）に報告し、その発展を祈願したのでした。そこには、国家神道と一体化した軍国主義体制に組み込まれた教団の姿が象徴されています。

このように日本基督教団は、国の内外において国策としての戦争に協力していきました。礼拝をはじめとする諸集会における国民儀礼の実施、総会における愛国機献納決議、勤労報国隊の結成、皇国日本に奉仕する神学研究、そしてアジアの諸教会に戦争協力を訴える「日本基督教団より大東亜共栄圏に在る基督教徒に送る書翰」の送付などが代表的なものです。日本の敗色が濃厚になってきた一九四四年には教団機関誌において、戦争という国策に殉ずることがとりもなおさずキリスト者の「殉教」であり、平和主義ではなく武装従軍が今のキリスト者の義務であると檄《げき》を飛ばしています。

国外においては、教団の戦争協力はいっそう顕著です。日本が軍政下に置いたフィリピン、インドネシアでは軍の要請に応え、日本の教会の教職者が軍艦に乗って現地入りし、大東亜共栄圏体制に協力するための宣撫工作を行っています。満州では、満蒙開拓に応募した牧師や信徒が満州基督村を建設し、積極的に国策に協力しています。

確かにホーリネス系教会への弾圧をはじめ、日本のキリスト者が戦時下態勢で迫害され、天皇制軍国主義体制下で被害者となったことも事実です。しかし韓国をはじめとするアジア諸国との関わりにおいて、日本の教会は明らかに加害者であったと言わざるをえません。

韓国の教会の闘い

戦時下の日本の植民地において、最も苦難の道を歩んだのは韓国の教会でした。天皇の臣民の証しとして、神社参拝が韓国の教会に強要され、厳しい苦難の中を通されます。結局、朝鮮総督府の徹底した圧力により、多くの韓国の教会は神社参拝を受け入れることを余儀なくされます。しかしそうしたなかで聖書に堅く立って、少なからぬ教職者・信徒が神社参拝を拒否し、投獄され、五十名ほどの教職者が殉教の道を選びました。その殉教を代表するのが朱基徹《チュキチョル》牧師です。こうした韓国の教会の苦難と闘いに対し、日本の教会はともに闘うどころか、神社参拝は国民儀礼であるとして、これを受け入れることを強要したのでした。

3　戦後の日本の戦争責任の表明

「深刻に反省懺悔し」

一九四五年八月十五日に表明された日本の敗戦は、戦争に協力し、国と歩みをともにした日本の教会すなわち日本基督教団にとっても、大きな敗北でした。

日本の教会は、このとき戦時下の歩みを静かに振り返り、神社参拝をなし、侵略戦争に協力した罪を悔い改めて再出発することが必要でした。しかし事実はどうだったでしょうか。

敗戦直後、教団の常務理事会が開かれ、通達文がまとめられ、富田満統理の名で全国の教会に発送されました。そこで示された「深刻に反省懺悔し」という文章は、教団が神社参拝や侵略戦争に協力した罪を反省し、神に悔い改めるものではありませんでした。文脈から判断する限り、敗戦に至ったのは、臣民である自分たちの誠《まこと》と努力が足りなかったからであり、そのことを天皇に対して、「深刻に反省懺悔し」ていると解釈すべきものでした。このように戦争責任を問うことをせず、進駐軍下でのキリスト教ブームに便乗し、三〇〇万救霊運動を提唱し、再出発を図ったのでした。

こうした日本の教会と、同じ敗戦国の教会でありながら、いち早く「シュトゥットガルト罪責宣言」を発表して、戦争責任を発表したドイツの教会とは対照的です。

「第二次大戦下における日本基督教団の責任について告白」（一九六七年）

日本基督教団が、戦争責任告白を発表したのは、戦後二十二年経った一九六七年でした。この年、教団総会議長の鈴木正久の名前で発表されました。その中心的な部分を次に紹介します。


「『世の光』『地の塩』である教会は、あの戦争に同調すべきではありませんでした。まさに国を愛する故にこそ、キリスト者の良心的判断によって、祖国の歩みに対し正しい判断をなすべきでありました。しかるにわたくしどもは、教団の名において、あの戦争を是認し、支持し、その勝利のために祈り努めることを、内外にむかって声明いたしました。

まことにわたくしどもの祖国が罪を犯したとき、わたくしどもの教会もまたその罪におちいりました。わたくしどもは『見張り』の使命をないがしろにいたしました。心の深い痛みをもって、この罪を懺悔し、主にゆるしを願うとともに、世界の、ことにアジアの諸国、そこにある教会と兄弟姉妹、またわが国の同胞にこころからのゆるしを請う次第であります。」

二十二年という歳月の後ではありましたが、私はこの告白はとても大切であり、福音派も含めて日本のすべての教会、クリスチャンが共有すべきものだと思います。そしてこうした理念をしっかりと継承していくべきであると考えます。

今、見張り人としての使命を！

今安倍政権のもとで、再び戦争への体制作りが着々と進んでいます。私たちは、いろいろな法律ができ、きな臭い状況が進んでいっても、どこかで「まさか戦前のようなことにはならないだろう」と高をくくっていないでしょうか。しかし歴史の流れは、「時勢」といわれるほど、時の勢いが動きだし、呑み込んでいくものです。

最後に歴史作家として著名な、半藤一利のベストセラー『昭和史』からの提言を聞きましょう。

「国民的熱狂をつくってはいけない。その国民的熱狂に流されてしまってはいけない。ひとことで言えば、時の勢いに駆《か》り立てられてはいけないということです。熱狂というのは理性的なものではなく、感情的な産物ですが、昭和史全体をみてきますと、なんと日本人は熱狂したことか。マスコミにあおられ、いったん燃え上ってしまうと熱狂そのものが権威をもちはじめ、不動のもののように人びとを引っ

張ってゆき、流してきました。」（五〇三頁）

歴史は繰り返すという言葉がありますが、私たちはこうした日本の過去の歴史をしっかり学び、そこから教訓を引き出し、今日私たちに託されている見張り人としての使命を果たしていきたいと思います。

参考文献

最上敏樹『いま平和とは――人権と人道をめぐる9話』岩波書店、二〇〇六年
半藤一利『昭和史　1926-1945』平凡社、二〇〇九年
信州夏期宣教講座編『改憲へ向かう日本の危機と教会の闘い』いのちのことば社、二〇一四年
信州夏期宣教講座編『秘密保護法の日本と教会』いのちのことば社、二〇一五年
中村敏『日本キリスト教宣教史――ザビエル以前から今日まで』いのちのことば社、二〇〇九年
中村敏『日本プロテスタント海外宣教史――乗松雅休から現在まで』新教出版社、二〇一一年
文部省『あたらしい憲法のはなし』一九四七年

（二〇一六年二月十一日の福音伝道教団主催の「信教の自由を考える研修会」の講演より）

第二章　安保法体制の危険性と今後の私たちの活動

キリスト教の平和主義

「剣をもとに納めなさい。剣を取る者はみな剣で滅びます。」（マタイ二六・五二）

イエス・キリストが捕らえられたとき、そばにいた弟子のペテロが、師であるイエスを守ろうと相手に剣で切りかかり、その耳を切り落としました。しかし、イエス様は上記の言葉を語り、怪我をした相手の耳を癒されました。ここに、キリスト教の平和主義の本質があります。そしてこの精神は、戦争放棄を宣言した日本の憲法の平和主義に通じるものがあります。しかし今、その平和と民主主義体制が大きく揺らいでいます。

今、平和憲法をめぐる戦後最大の危機

現在の日本では、第二次、第三次安倍政権のもと、教育、マスコミの統制がどんどん進んできています。そして今回の安保法の成立により、戦後七十年以上守られてきた平和憲法に基づく戦後民主主義体制が根底から覆されようとしています。二〇一五年の流行語大賞の一つに、「アベ政治を許さない!」が選ばれましたが、こうした政治色の強い言葉が選ばれることは異例であり、それだけ国民の危機感が現れていると思います。

昨年(二〇一五年)の六月に岩波新書から、『右傾化する日本政治』という本が出版されました。著者の中野晃一氏は上智大学で国際政治を教えている学者で、最近安保法問題でよくマスコミに登場し、盛んに発言をしている人です。この本によれば、現代日本における政治の右傾化のプロセスは、最近になって一気に成し遂げられたものではなく、ここ三十年ほどの間に「寄せては返す波のように逆方向への限定的な揺り戻しをはさみながら」、時間をかけて進展していったとされます。そして、こうした政治の右傾化は社会主導(すなわち国民主導)ではなく、「政治主導(より正確に言えば政治エリート主導)でなされた」と指摘されます。たしかに最近の日本の総理大臣の顔ぶれを考えると、現在の安倍首相をはじめかなり多くの人々が元首相や有力政治家の子どもや孫で占められています。

こうした右傾化の波により、憲法や教育、マスコミ、治安など国家と個人の関係や社会秩序をめぐる問題でも、どんどん個人の権利や自由が制限され、代わりに国家の権威や権限が拡張されるようになってい

ます。そしてこうした傾向は、安倍政権においていっそう顕著です。

1　第一次安倍政権（二〇〇六―二〇〇七年）でなされたこと

「戦後レジーム（体制）からの脱却」をスローガンに掲げた第一次安倍政権は、そのわずか一年の在任期間に次のことを成し遂げました。その土台や継続の上に今回の安保法の法制化があります。

教育基本法の改定

一九四七年施行された教育基本法は、戦前の天皇制軍国主義教育の反省の上に制定され、新憲法の理念を教育の分野に具体化したものでした。その全面改定は、戦後の民主主義教育の理念を根本から変えることを意味しています。それまでの教育基本法の「教育の目的」の中の「真理と正義を愛し」、「個人の価値をたっとび」、「自主的精神に充ち」という文章は削られました。そして改正教育基本法では、「教育の目標」として、「伝統と文化を尊重し、それらをはぐくんできた我が国と郷土を愛する」ことが加えられました。その後、この改正を受け、教育の現場では新しい学習指導要領のもとで、公共の精神の強化や愛国心教育が着々と進められています。

防衛庁を防衛省に格上げ

それまで防衛庁は、内閣府の外局にすぎない「庁」でした。このとき「庁」から「省」に昇格させ、防衛省・自衛隊を国家組織として重く位置づけました。こうした流れが、第二次、第三次安倍政権では、自衛隊の装備強化、武器輸出三原則の撤廃、そして集団的自衛権の行使容認、自衛隊の海外派兵の拡大へと続いていきます。

改憲プロセスを可能にするための国民投票法の制定

これまでは、憲法改正そのものが現実味を帯びたものと想定されていませんでした。このとき憲法改正に必要な国民投票の大枠を定め、後にその改正法案が衆議院を通過しました。

・教員免許更新制の導入を実施し、教員に対する管理・統制の強化
・集団的自衛権の行使容認に向けた検討に着手

安倍首相は、悲願である集団的自衛権の行使容認を目指し、私的な諮問機関「安全保障の法的基盤の再構築に関する懇談会（安保法制懇）」を発足させました。この懇談会は行使容認を認める答申を出しましたが、安倍政権の後の福田政権ではお蔵入りとなりました。しかし、この懇談会は、第二次安倍政権下でほぼ同じメンバーで再開され、集団的自衛権容認すべしとの報告書を提出し、それを受けて安倍政権は、二〇一四年七月に閣議決定しました。

2　第二次、第三次安倍政権（二〇一二年—現在）

再び自民党の総裁に返り咲いた安倍晋三は、「日本を取り戻す」というキャッチフレーズを掲げて衆議院選挙で勝利し、再び首相の座に着きました。そして、第一次安倍政権でなそうとしてできなかった課題を次々と実現させていきました。左記に年譜的に、現在までの安倍政権の歩みを並べてみました。

二〇一三年

十一月——国家安全保障会議（日本版ＮＳＣ）を設置しました。これはアメリカの強い要請を受けたもので、首相、官房長官、外務大臣、防衛大臣の四人の会合と事務局に重要情報や判断を集中させる体制を作り上げました。

十二月——特定秘密保護法を強行採決によって成立させました。これは運用の仕方によっては恐るべき法律となります。「クリスチャン新聞」は、「特定秘密保護法は現代の治安維持法」とする記事を掲げ、その危険性を訴えました。情報を国家が管理するとどのような悲惨な結果を生むか、これは過去の歴史が証明しています。

同じこの十二月に安倍首相は、靖国神社参拝を行いました。首相は国のために殉じた御霊に尊崇の念を表したものとしましたが、当然ながら韓国、中国から激しい批判を受けました。アメリカ政府からも、「深刻な懸念を招く」という異例の批判を受けました。靖国神社は戦前の日本の軍国主義を象徴する神社であり、アジア・太平洋戦争のA級戦犯が英霊として祀られていることが問題視されています。ちなみに靖国神社は、英語では「War Shrine（戦争神社）」と表現されます。

二〇一四年

七月――野党や多くの国民の反対を押し切り、集団的自衛権の行使容認の閣議決定をしました。「閣議決定」というものは、時の内閣が決定する方針であり、閣僚は首相が任命した者ばかりなので、首相の意向がそのまま反映されます。考えてみれば、憲法が「最高法規」であり、その下に国会で定められたさまざまな法律があります。その法律よりさらに下にあるのが、閣議決定です。その閣議決定が最高法規である憲法の解釈を変え、それに基づいて今回安保法制を法案化するという、まさに下剋上のようなことが起きました。

十二月には集団的自衛権の行使容認を見越して、日米防衛協力の新ガイドラインが決定されました。これに基づき、日米の防衛情報の共有、共同軍事作戦がいっそう強化されています。

二〇一五年に入り、集団的自衛権の行使容認に伴う法制化がついに実行されました。五月に十一本の関連法案が国会に提出され、七月に衆議院で安保法制法案が強行可決されました。そして九月十九日に参議院でも強行可決され、ついに法制化されました。二〇一六年三月に安保法は施行され、効力を持ちました。

3　安倍政権の手法

①政策を法案化し、実行する前に、安倍首相に近い歴史観、経済観を持つ人々を中心とする有識者からなる私的諮問機関を設置し、そこからの答申を受けて法制化しています。安保法制懇、教育再生会議もそうですし、戦後七十年の総理談話を作成する際にも、私的諮問機関を設置し、その答申を受けています。また日銀総裁、内閣法制局長官、NHK会長等政府や総理大臣が任命する重要人事も、安倍首相の政策や歴史観を支持する人物を抜擢《ばってき》し、自分の政策を通す環境を整えていきます。

②第一次安倍政権時代と異なり、日中関係や日韓関係が領土問題や歴史認識問題をめぐって関係が緊張しています。加えて北朝鮮の水爆実験、ミサイル発射問題をめぐって、軍事衝突の危険も排除できません。そうした情勢を受け、安倍政権は国益や国民の安全を守るという大義名分を掲げ、強力に外交や防衛政策を推進しています。

③「アベノミクス」、「経済再生の三本の矢」、「積極的平和主義」、「一億総活躍社会」など国民受けしやすいキャッチフレーズを絶えず掲げ、そうした雰囲気づくりをしつつ、政策を進めていきます。混乱、低迷した民主党政権時代への反動もあり、就任以来大企業、輸出関連企業を中心に経済回復の兆しが見えることから、それなりの支持率を維持しています。しかし、二〇一六年に入って世界経済の低迷を受け、日

本経済にも陰りが見えています。

4　安保法の内容とその問題点

二〇一五年九月十九日、安倍政権が提出した安保法制法案が野党、弁護士、憲法学者等の有識者、そして多くの国民の反対を押し切って、参議院で強行可決されました。

安保法の内容

全部で十一本の法律からなり、その量も膨大なので、ポイントだけをまとめます。国会では、「平和安全法制整備法案」の名による十本の法案が可決されました。このなかで、特に「武力攻撃事態法改正案」、「重要影響事態法案（周辺事態法改正案）」、「国連平和維持活動協力法改正案」が重要です。これらは、今までの法律を改正したものですが、これ以外に「国際平和支援法」が新規立法です。これらの十一本の法案は、「平和法案」と銘打っていますが、その内実は、日本政府が従来認めてこなかった集団的自衛権の行使容認を前提に、自衛隊を恒久的に海外に派兵できる体制づくりであり、まさに野党が主張するように「戦争法案」というべきものです。

これらの法案の成立により、「日本と密接な関係にある他国への武力攻撃が発生し、日本の存立が脅かされ、国民の権利が根底から覆される明白な危険がある場合」に集団的自衛権の行使ができ、自衛隊がその相手に攻撃できることになります。

しかし、この「存立危機事態」を判断するのは時の内閣です。現在であれば、行使容認に積極的な安倍政権にその判断が委ねられます。しかも、攻撃された相手国から見れば、これは日本による先制攻撃なので、日本を武力攻撃する根拠を提供します。この結果、日本は確実に戦争に巻き込まれるのです。

「重要事態法」や「国際平和支援法」によると、日本の安全や国際社会の平和のために活動しているアメリカ軍や他国軍への後方支援や武器弾薬の提供を恒久的に行うことになります。今まではイラクへの自衛隊派遣の場合のように、その都度国会で決議し、時限立法で対応してきました。しかし、国際的な常識では、後方支援は軍事行動と一体化している兵站《へいたん》とみなされ、かえって攻撃の対象となりやすく、戦闘に発展する危険はきわめて大きくなります。

今まで日本の自衛隊は武器を行使しないということで国際的に信頼を受け、イラクのサマーワに見られるように、インフラ整備などの人道的支援に貢献してきました。しかし、今回これらの法案が通ったことで、自衛隊は殺し、殺される普通の軍隊に変貌したことになります。

しかもイラクに派遣された自衛隊員のなかで、帰国後ＰＴＳＤ（心的外傷後ストレス障害）に苦しみ、自殺した隊員が二十数名いることも忘れてはならないことです。自衛隊は非戦闘地域に派遣されたはずですが、夜間にすぐ近くに砲弾が飛び交い、地雷が各地に敷設され、戦闘地域と非戦闘地域の区別など空文化している戦争地域の現実があります。

集団的自衛権の本質

安保法の成立に対し、かねてから自衛隊との共同作戦を求めてきたアメリカは当然ながら大歓迎し、中国や韓国は警戒しています。

集団的自衛権の本質について元内閣法制局長官を務め、現在法政大学大学院教授を務める宮崎礼壹《れいいち》氏は、二〇一四年八月号の月刊誌『世界』（岩波書店発行）で、次のように記しています。

「集団的自衛権も『自衛権』というのだから、各国の持つ自己防衛権の一種ではないのか、と考えてしまう人が多い。しかし、違う。集団的自衛権とは、『他国防衛権』なのである。……仮に集団的自衛権の行使を認めると、我が国は武力攻撃をした国に対し武力行使をすることになるから、その国との間で武力抗争状態を新たに発生させることになる。これが、第九条第一項の禁ずる『国際紛争の解決の手段としての武力行使』にそもそも正面から違反することは明らかではないだろうか。……かくして、権利だとか選択肢というのとは裏腹に、対米軍事支援が義務となってしまう恐れはきわめて大きい。」

私も宮崎氏の指摘に同感です。「密接な同盟国」となると、その可能性が最も高い国はアメリカです。アメリカという国は、十九世紀以来、実に多くの戦争に関わってきた国です。そして、常にその大義名分は、封建国家やファシズム国家、共産主義国家や圧政国家から自由と民主主義を守る正義の戦いであるというものです。あのベトナム戦争も、南ベトナム政府の要請に基づき、集団的自衛権の名のもと、共産主義の脅威から南ベトナムを守る正義の戦いであるというものでした。

しかし、冷戦崩壊後保ってきた唯一の超大国としての「世界の警察官」という役割を、膨大な財政赤字のなかでアメリカはもはや維持することはできなくなりました。そこで、極東地域において日本にその軍事的肩代わりを強く求めてきており、その結果が、今回の国家安全保障会議の設置、特定秘密保護法の制定、そして集団的自衛権の行使容認に結びついているのです。

私たちのすべきこと

私は、とにもかくにも戦後七十年以上日本が戦争をしかけず、また戦争に巻き込まれなかったのは、決して日米安保条約のおかげではなく、平和憲法、とりわけ戦争放棄を定めた第九条があったからだと考えます。今後も世界における日本の使命は、この平和憲法を守り抜くことです。

そして戦争への道を防ぐのは、やはり私たち国民の声であり、力です。早くも弁護士たちによる違憲訴訟が起こされていますし、野党による戦争法廃止法案が出されていることにも期待します。二〇一六年の夏に予定されている参議院議員選挙は、今までになく大きな意味を持っています。憲法改正の是非が真正面から問われる選挙戦になると思います。もしここで、改憲を支持する勢力が参議院で三分の二以上を占めれば、憲法改正（私たちからすれば改悪）は現実のものとなります。しかし、与党を過半数割れに追い込むことができれば、平和憲法を堅持できますし、自衛隊の海外派兵に大きな歯止めをかけることが可能です。

作家三浦綾子さんの言葉

次に引用するのは、クリスチャン作家として著名な三浦綾子さんの言葉です。

「わたしは戦争とは、人権無視、人格無視、国民の意見を踏みにじる、恐るべき国家権力の一つの姿だと思いますね。国家権力が、武力を持っているからこそ戦争は起きるわけですよ。敵を武力によって攻撃する前に、先ず自国民を武力によって黙らせる！　これが戦争のさきがけであります。国民の口を封じておいて無理矢理戦争に突入する。このことをあなたがたは今、ここにしっかりと銘記していただきたい。『戦争は起きるのではない。起こすものだ』と言った人があります。まことにそのとおりであります。」（『三浦綾子全集　第十一巻』八〇頁）

また彼女は、「私は、国も誤った方向に行こうとしたら、命を賭してでも『それはいけない』と言うだけの勇気を持たなくちゃいけないと思っています」とも言っています。

三浦綾子さんは、戦時中は熱烈な軍国主義教師であり、教え子たちを戦場へ送り出しました。敗戦後の絶望感と長い闘病生活のなかでキリスト教に出合い、小野村林蔵牧師から洗礼を受けました。小説『氷点』で作家としてデビューして以来、七十七歳で召されるまで、多くの作品を通して平和を訴え続けました。そして、特に晩年闘病生活をしながら、最後の長編『銃口』を書きあげました。この小説は、日本の戦前回帰に大きな警鐘を鳴らしている作品です。

日本の国が、先の戦争の時と同じような誤った方向に行かないでほしいという彼女の最終的な願いがそこに滲み出ています。

5　私たちの具体的な行動について

為政者の正しい政策のため、日本の平和、世界の平和のために祈ること

私たちのすべきことは、まず祈ることです。為政者のために祈ることは神が喜ばれることであり、私たちすべてが「平安で静かな一生を過ごすため」（Ｉテモテ二・一―三）に必要なことです。個人で、教会で、超教派の集まりで平和のために祈り、それを広げていきましょう。

学習の勧め

憲法そのものや、その改正問題、平和問題について学びましょう。「北朝鮮がミサイル攻撃をしてきたら、平和憲法では日本を守れないではないか。やはり、日本を守るためには軍事力の強化が必要だ。」こうした議論にちゃんと答えられるためにも、私たちなりに学び、理論武装が必要です。幸い書店や図書館には関連書籍が多くありますし、新聞、雑誌、インターネット等の活用をお勧めします。講演会に参加す

ると、大きな刺激や啓発を受けます。

地域の九条の会に加わったり、署名活動に加わったりする

全国九条の会は、二〇〇四年に大江健三郎や加藤周一ら九人の知識人の呼びかけで、「日本と世界の平和な未来のために、日本国憲法を守ろう」とアピールして発足したものです。現在八千を超える九条の会が日本各地で活動を続けています。私自身も、十年ほど新潟市内の九条の会で講演や署名活動を仲間とともにしています。最近では、クリスチャンの方の提唱で始まった「日本国民にノーベル平和賞を授与してください」という署名活動も展開されています。また二〇一六年に入って、護憲諸団体による「戦争廃止を求める二千万人統一署名」活動もなされています。

決して対抗心をあおるものではありませんが、安倍政権の憲法改正を支える実働部隊ともいうべきものが、右派団体「日本会議」であり、それを母体とする「美しい日本の憲法をつくる国民の会」です。この会は二〇一四年十月に発足し、一千万人を目標にした署名活動を活発に行っています。

最後に、これからの日本の進むべき道について考えます。日本は自前の天然資源がほとんどなく、他国との貿易で生きてきた国です。七十年前、敗戦で廃墟と化した日本が、国民の勤勉さを発揮し、軽武装商業国家の道を歩んできたからこそ、ここまで立ち直り、今日の平和と繁栄を築くことができたのです。朝鮮戦争等の極東アジアにおける危機のときも、平和憲法の歯止めがあったからこそ、ここまで何とか戦争をせずに来ることができました。ますます世界がグローバル化するなかで、日本が生きていくには、どの

国とも対立や喧嘩をしないでいくことが基本です。今後も日本の使命は、世界に誇るべき平和憲法を守り抜く、この道しかないと信じます。

参考文献

中野晃一『右傾化する日本政治』岩波書店、二〇一五年
中村敏『日本キリスト教宣教史』いのちのことば社、二〇〇九年
三浦綾子『三浦綾子全集　第十一巻』主婦の友社、一九九二年
込堂一博『三浦綾子さんのことばと聖書――１００の祈り』いのちのことば社、二〇一四年
「世界」二〇一四年八月号、岩波書店
豊下楢彦、古関彰一『集団的自衛権と安全保障』岩波書店、二〇一四年
デイヴィッド・フィンケル著、古屋美登里訳『帰還兵は何故自殺するのか』亜紀書房、二〇一五年

（二〇一六年二月十一日、福音伝道教団主催の「信教の自由を考える研修会」の講演より）

第三章　ナチス・ドイツに対する告白教会の抵抗から学ぶ

「ペテロをはじめ使徒たちは答えて言った。『人に従うより、神に従うべきです。』」（使徒五・二九）

今日は、ヒトラー率いるナチス・ドイツに対し、聖書の言葉に堅く立って抵抗したドイツ告白教会の人々の闘いを学びたいと思います。私がこのテーマを取り上げるのは、ただ過去の歴史においてこのような信仰の闘いをした人々がいたことを知るだけでなく、今の時代にあって私たちがキリスト者としてどのように歩むべきかを一緒に考えたいという願いからです。この後学んでいくように、ナチス・ドイツの時代に六百万人にも及ぶユダヤ人虐殺、いわゆるホロコーストを生み出した論理は、今日でも起こりうるし、現に起きていると思います。

さて最初に掲げたみ言葉は、紀元一世紀当時のユダヤ人の最高議会（サンヘドリン）で、ペテロをはじめとする使徒たちが、恐れることなく指導者たちに語った言葉です。弱かった弟子たちは、復活の主にお会いし、約束の聖霊に満たされて、別人のように変えられました。迫害や脅しにも屈せず、大胆に福音を語り続けました。そして、弟子たちのほとんどが殉教の道を進んでいきました。

1　一九三〇年代のドイツとナチスの台頭

一九三〇年代（日本ですと昭和の初期になります）のドイツでは、ヒトラー率いるナチス・ドイツが台頭し、政権を握りました。その歴史的背景として、一九二九年十月にアメリカのウォール街から始まった世界大恐慌があります。この大恐慌は世界中を大きく揺さぶりますが、特に第一次世界大戦後、天文学的な賠償金を課せられ、そこから立ち直ろうとしていたドイツ経済を直撃します。銀行は閉鎖され、失業者が六百万人近くになり、国民の三人に一人が失業中という状況でした。しかし、当時政権を執っていた社民党を中心とする連立政権は内部対立から無策に近く、混乱と不満が国中にあふれていました。そのようななかで、雇用拡大と産業振興を訴えるヒトラーが率いるナチス党が急成長し、一九三三年ついに政権を握りました。

その同じころ、同じく大恐慌の影響を受けた日本では軍部が台頭し、「満蒙は日本帝国の生命線である！」として、中国大陸の侵略へと向かい、日中戦争からアジア・太平洋戦争への道を突き進んで行きました。さらにイタリアでは、ムッソリーニ率いるファシスト党が政権を握り、エチオピアを侵略します。

「ファシズム（軍国主義）」という言葉は、このファシスト党から来ています。

そして、この日独伊の三国が一九四〇年に三国同盟を結び、英米仏ソを中心とする連合国と戦う第二次世界大戦へと発展していきます。

私は、近代史の学びから、この一九三〇年代の日本やドイツがたどった道と、現在の安倍政権下での日本の進んでいる道に共通点が多いと思います。

ヒトラーの登場とナチスの台頭

ナチス・ドイツによる六百万人とされるユダヤ人虐殺（ホロコースト）という未曾有の悲劇は、ヒトラー個人の信念や世界観と深く結びついています。そこでまずヒトラーが、なぜそのような信念を持つようになったのかを考察してみます。

アドルフ・ヒトラー（一八八九―一九四五年）は、一八八九年にオーストリアの片田舎で生まれました。彼の父親が私生児であり、その母親（つまりヒトラーの祖母）がだれであるかが不明なため、ヒトラーの血統についてはさまざまな憶測が生まれました。彼の血筋にはユダヤ人の血が混じっているのではないかという憶測すら生まれ、手塚治虫の『アドルフに告ぐ』というコミックはそうした観点から書かれたものです。しかし、その後の徹底した研究の結果、ヒトラーにユダヤ人の血が混じっていたという説は完全に否定されています。

彼は両親の死後、オーストリアの中心都市であるウィーンに移り住み、住まいを転々とする不安定な生活を送ります。このウィーン時代に、彼は急速に反ユダヤ主義思想に染まっていきます。当時のウィーンにはさまざまな地域や民族の出身者が集まり、その多くが劣悪で不安定な生活を送っていました。自分自身も根無し草のような生活下で苦悩していたヒトラーは、われわれの人生はなぜこのように惨めなのかと自問します。そんなある日、彼は電光に打たれたかのようにその答えを発見しました。ウィーンの街中で、長いカフタン（外套のようなもの）をまとい、黒い縮れ毛を伸ばした東欧出身のユダヤ人に出会い、吐き気を催すほどの嫌悪感に襲われます。その直後に、町で売られていた反ユダヤ主義のパンフレットや雑誌をむさぼるように読みます。そして、現在の社会に存在するあらゆる悪や悲劇の原因は、ユダヤ人にあるという結論にたどり着きます。彼はさらに論を進め、社会のさまざまな領域の諸悪の背後にユダヤ人の陰謀が隠されているという確信を深めていきました。

『わが闘争』

彼は初期のナチス党に入党したのち、ミュンヘンでクーデターを起こして失敗し、一年近く獄中生活を送ります。この時に自分の信念をまとめ、その後出版したのが、かの有名な『わが闘争（ドイツ語でMein Kampf）』です。この本は上・下二巻からなっています。今この本は版権が切れ、厳しい条件付きのもとで再刊されていますが、出版に関してなお激しい賛否があります。この本は、実に奇想天外で偏った書物です。もしこの本が、ただの一個人の作文のようなものにとどまっていれば幸いでしたが、不幸にしてヒトラーがドイツの権力を握ったとき、この本は「ナチスのバイブル」となります。さまざまな装丁で大量に出版され、ドイツ人が結婚式を挙げるときは、必ず国家から新郎新婦にプレゼントされました。

本書の内容の問題の部分を紹介します。特に注目すべきは、第十一章の「民族と人種」という部分です。彼はこう言っています。


「程度がまったく同じではない二つの生物を交配すれば、すべて結果は両方の親の程度の中間となって現われる。つまりこうなのだ。子どもは両親の人種的に低いほうよりは、なるほどより高いかも知れぬが、しかし、より高いほうの親ほど高くはならない。その結果として、かれはこのより高い方との闘争のなかでやがては負けるだろう。このような結合は、だが、生命そのものをより高度なものに進化させていこうとする自然の意志に反する。この意志が行なわれるための前提は、より高等なものと、より劣悪なものとの結合の中にではなく、前者の徹底的な勝利の中に横たわっている。より強いものは支配すべきであり、より弱いものと結合して、そのために自分のすぐれた点を犠牲にしてはならない。」(下、三七〇頁)

このように彼は、より強いもの、より優れたものが、弱く劣るものを支配するのは当然であり、両者が結合(交配)すべきでないことを力説します。これが次に続く、アーリア人種優越論につながっていきます。

ヒトラーは本書のなかで、世界の人種を「文化創造者」、「文化支持者」、「文化破壊者」の三つに分類します。まず「文化の創始者としてのアーリア人種」を取り上げ、今日人類が持っている人類の文化、「つまり芸術、科学および技術の成果について目の前に見出すものは、ほとんど、もっぱらアーリア人種の創造的所産である」と宣言します。そして「アーリア人種だけがそもそもより高度の人間性の創始者であり、それゆえわれわれが『人間』という言葉で理解しているものの原型をつくり出したという、無根拠とはいえぬ帰納的推理を許す」とまで称えています。

次に彼が「文化支持者」と呼んでいる人種が、日本人やほかのアジア人種です。彼らは文化創造者が生み出したものを受け取り、加工したり、再生産したりしているにすぎず、決して「文化創造的」と呼ばれることはないとされます。

『わが闘争』は、日本とドイツが同盟を結んだ一九四〇年に日本で翻訳出版され、発売後一か月で五回増刷され、十四万部を売り上げる人気でした。しかし、日本語に訳されるとき、日本人にも言及したこの部分は削除されました。

問題は、三番目の「文化破壊者」です。ヒトラーは、彼が「唯一の人種」と呼んだアーリア人種と「最も激しい対照的な立場をとっているのはユダヤ人である」と主張します。彼らは「利口」とされていますが、その知性は自分が進化した結果ではなく、「見せかけの文化」にすぎず、「他民族の体内にひそむ寄生虫」であり、諸悪を「伝染病」のように広げていると決めつけています。このように本書において、すでに後のユダヤ人排斥、そしてユダヤ人絶滅への論理が明確になっています。

最後に見たいのは、第六章の「戦時宣伝」の部分です。彼は、「宣伝は誰に向けるべきか？」と問い、

「学識あるインテリゲンツィアに対してではなく」、「宣伝は永久にただ大衆に対してのみ向けるべきである」と断言します。「大衆の受容能力は非常に限られており、理解力は小さいが、その代わりに忘却力は大きい」ので、「効果的な宣伝は、重点をうんと制限して、そしてこれをスローガンのように利用し、その言葉によって、目的としたものが最後の一人まで思い浮かべることができるように継続的に行われなければならない」とします。さらに、「民衆の圧倒的多数は、冷静な熟慮よりもむしろ感情的な考えで考え方や行動を決めるという女性的な素質を持ち、女性的態度をとる」ので、「肯定か否定か、愛か憎悪か、正か不正か、真か偽か」という二者択一的に迫るべきことを指摘しています。ヒトラーはまさにこのような大衆宣伝を徹底して行い、大衆の心をつかみ、政権を握り、政策を遂行したのです。彼は獅子吼《ししく》して熱弁を振るい、「我々ゲルマン民族は世界で最も優秀な民族だ！」、「諸悪の根源はユダヤ人だ！」と繰り返して、大衆の心をつかんでいきました。

　ですから、ヒトラーによれば今日の世界やドイツにおける混乱の原因は、ユダヤ的なものに支配されていることにあり、そこで求められる政治家は、アーリア人種であるゲルマン民族の高貴な血を守るために身をささげ、強固な意志の力によって民衆を統制し、個々の政策の土台となる明確な世界観を有していなければならないとされます。こうした信念のもとにヒトラーはナチスを率いて政権の座につき、『わが闘争』で語ったことを着々と実行していきます。

全体主義とは

ここまで語ってきたヒトラー率いるナチスや、日本のファシズム体制を「全体主義」と呼びますが、ここで全体主義を支える構造について『オウム真理教の精神史』という本から引用します。この本を書いたのは、太田俊寛という大学教師で、もともとはキリスト教の初期の異端であるグノーシス主義の研究者です。彼はグノーシス主義に代表される異端、オウム真理教のようなカルト宗教、そして全体主義に共通して流れている精神構造に鋭く迫っています。その部分を引用します。

「万人が根無し草的な状態で平等の立場に置かれる近代社会は、実は特権的指導者やカリスマを生み出しやすい構造を備えており、そのとき指導者は、神秘的なオーラをまとって群衆の前に登場する。彼の命令は絶対的なものであり、それに異論を唱えることは許されない。そうしたカリスマ的な指導者に対して、万人が盲目的に服従する政治体制は、一般に『全体主義』と呼ばれる。

……共同体の内部において、何が善か、何が悪かを決定するのは、先に述べたように指導者の一存にかかっており、それに反駁することは許されない。指導者の意志に反抗したり、これを軽んじたりする人間は、人格的に問題があると見なされ、強制収容施設に連行されて人格の改造が行われるか、あるいはその存在自体をこの世から抹消される。」（一一二、一一七頁）

この考察は、直接には麻原彰晃《しょうこう》が独裁的な教祖として君臨したオウム真理教を念頭に置いたものですが、ヒトラーが独裁的な権力を握ったナチス・ドイツにも見事に当てはまる指摘です。

ナチスの政権掌握とユダヤ人絶滅政策

ナチスはもともと、「国家社会主義ドイツ労働者党」という小さな政党で、一九二〇年に旗揚げしました。すでに発足時の綱領で、ドイツ民族同胞の資格は純粋なドイツ人の血統に限られ、「ユダヤ人は民族同胞たることを得ない」と定められていました。すでに述べたような社会情勢のなか、ナチスは日の出の勢いで急速に支持を伸ばしていきました。そしてこのナチスを少なからぬキリスト者が支持したのです。彼らは「ドイツ的キリスト者」と呼ばれ、聖書とともにドイツ民族が主要な要素となりました。彼らのスローガンとして、「ドイツ的ルター精神と英雄的な信仰にふさわしいキリスト教信仰」、「血と土地」が合言葉となり、アーリア人、ゲルマン民族、そしてドイツ人こそ神の選びの民であるとされました。

こうした運動は、当然ながらナチスのユダヤ人迫害政策を支持するものとなりました。さらには、「無能者、低価値者に対抗して民族を守る」としたナチスの知的障がい者、精神障がい者、同性愛者を断種したり、安楽死させたりする政策を支持することにつながりました。

一九三三年一月に行われたドイツの総選挙で、ナチスは第一党となり、政権を掌握し、ヒトラーが首相となりました。私たちは、ナチスが武力クーデターではなく、選挙で大衆の支持を受け、合法的に政権の座についたことを心に留めたいと思います。そして早くも三月に議会で、全権委任法を成立させます。これにより内閣が立法権も持つようになり、政教分離を謳い、当時世界でも民主的とされたワイマール憲法は無力化されてしまいます。

そして法律化されたアーリア人条項により、ユダヤ人が官庁や職場から排除され、どんどん締め出され、権利が奪われていき、ドイツから追放されていきます。当時ドイツは国教会制度をとっており、牧師は準公務員扱いでしたが、教会からもユダヤ人牧師は追放されます。当初ナチスは、ユダヤ人をドイツから排除する政策をとっていました。そしてマダガスカルのような遠隔地に強制移住させることも検討されたようです。しかしドイツが破竹の勢いでチェコ、ポーランド、北欧に支配権を伸ばし、ソ連邦に侵略するに及んで、その支配下に一千万人を超えるユダヤ人を抱えてしまいました。その結果、ユダヤ人排除から絶滅政策へと変更され、最終的に六百万人ともされるユダヤ人が虐殺されました。

私は以前にイスラエルの聖地旅行に行った際、エルサレムでホロコースト記念館を見学しました。ナチスによるユダヤ人虐殺にまつわるさまざまなものがリアルに展示されており、人間が人間に対してこれだけ残虐なことができるのかと、途中で嘔吐しかけたほどでした。

忘れてならないのは、ユダヤ人だけではなく、ジプシーと呼ばれる民族集団「シンティ・ロマ」の人々も五十万人虐殺されました。美しい民族の花畑に生えている雑草はすべて抜き去るべしというナチスの政策からくるものでした。

2　ナチスに対するドイツ告白教会の抵抗運動

告白教会の抵抗

こうしたナチスとそれを支持するドイツ的キリスト者に対し、ドイツ国内のキリスト者の中から反対や抵抗運動が起きてきました。ナチスがアーリア人条項により、国教会からユダヤ人牧師を罷免したときにそれに反対した牧師たちが牧師緊急同盟を結成しました。一九三四年、彼らはこれを発展させて告白教会を結成し、ナチスに同調するドイツ的キリスト者に対し反対の声をあげました。特に彼らにとって受け入れがたかったのは、ヒトラーへの忠誠宣言を牧師たちが求められたことです。戦時下でナチスに抵抗したノルウェーの牧師で神学者のカール・ヴィスロフは、その著『現代神学小史』のなかで次のように指摘しています。

「ナチスが国家の権威を行使するにとどまっていたなら、多くの者は耐えることができたかもしれない。しかし、ナチスは『人の魂』をも支配しようとした。新しい第一戒によって、ドイツ民族を絶対化し、ヒトラーに神の地位を与えようとしたのである。……国家が神の地位を要求するとき、それがナチスであれ、全体主義であれ、共産主義であれ、キリスト者は苦難の道を歩まねばならない。」（八四、八五頁）

当時ボン大学で教鞭を執っていたカール・バルトは宣誓を拒否し、スイス人であったため国外退去となり、スイスでナチスに対する戦いを続けます。

「バルメン神学宣言」

一九三四年五月、こうした告白教会の牧師たちが、ドイツのバルメンに集まり採択と署名をしたのが、世に言う「バルメン神学宣言」です。これは全部で六命題（テーゼ）からなり、起草の中心的人物はバルトやM・ニーメラー、W・ニーゼルという人々です。

その全部を取り上げることはできませんが、主要な命題を紹介します。

第一項　ヨハネの福音書一四章六節、一〇章七、九節

「聖書において我々に証しされているイエス・キリストは、我々が聞くべき、また我々が生と死において信頼し服従すべき神の唯一の御言葉である。

教会がその宣教の源として、この神の唯一の御言葉のほかに、またそれと並んで、さらに他の出来事や力、現象や真理を、神の啓示として承認し得るとか、承認しなければならないなどという誤った教えを、我々は斥ける。」

この命題は、イエス・キリストこそ神の唯一のみ言葉であり、万物に対するキリストの絶対的な王権的支配を述べています。

第四項　マタイの福音書二〇章二五、二六節

「教会に様々な職位があるということは、ある人々が他の人々を支配する根拠にはならない。それは教会全体に委ねられ命ぜられた奉仕を行うための根拠である。

教会が、このような奉仕を離れて、支配権を与えられた特別の指導者を持ったり、与えられたりすることができるとか、そのようなことをしてもよいなどという誤った教えを、我々は斥ける。」

この命題は、ナチスの力を後ろ盾にして権力を行使するドイツ的キリスト者に対する否を示しています。

第五項　ペテロの手紙第一、二章一七節

「国家がその特別の委託をこえて、人間生活の唯一にして全体的な秩序となり、したがって教会の使命をも果たすべきであるとか、そのようなことが可能であるなどというような誤った教えを、我々は斥ける。」

この命題は、国家権力の絶対化を強く否定しています。六命題からなるバルメン宣言は、直接的にはド

イツ的キリスト者への批判ですが、それを支えているナチズムへの批判となっています。

3　ナチスに抵抗した人々

マルティン・ニーメラー（一八九二―一九八四年）

彼は第一次世界大戦で海軍軍人として戦った人物であり、その後ルーテル教会の牧師となりました。一九三三年ナチスが政権の座に就き、教会に対する圧迫を開始したときに、勇気をもって政府に対する抗議の文書を発表しました。その結果、一九三七年ナチスに逮捕され、一九四五年の終戦まで獄中につながれました。そうしたなかで彼は、「しかし、神の言葉はつながれていません」と、獄中でも証しを続けました。そしてナチスが崩壊し、ドイツが敗北した直後にいち早く「シュトゥットガルト罪責宣言」を出した中心人物です。

ディートリッヒ・ボンヘッファー（一九〇六―一九四五年）

彼は、一九二七年にベルリン大学で二十一歳の若さで「聖徒の交わり」という博士論文を提出して博士号を取得し、将来を嘱望された学徒でした。一九三一年にはアメリカに留学し、ラインホルト・ニーバーの指導を受けます。

一九三三年、彼は成立したナチス政権の危険性をいち早く見抜き、ラジオ放送でヒトラーを批判しました。そして告白教会の運動に加わり、三五年から二年間、告白教会の牧師研修所の指導者となり、若い牧師候補生を指導しました。その中から生まれたものが、『交わりの生活』です。

一九三九年アメリカに渡りますが、その直後、迫害を覚悟で帰国しました。彼の帰国がドイツの教会と国民と苦しみをともにすることであったとすれば、まさに彼の決断は死への決断であったということができるでしょう。帰国後の彼は講演、著述、出版活動の禁止処分を受けました。そうしたなかで、彼は最終的に一九四三年ヒトラー打倒を目指し、暗殺計画に参加し、ゲシュタポ（秘密国家警察）に逮捕されます。彼がこうした直接行動に踏み切ったことに、批判も出てくるかもしれません。告白教会そのものは、非暴力抵抗を目指しており、ボンヘッファー自身も大きな葛藤を経験したようです。しかし彼は、次のように考えます。「今酔っ払いがフルスピードで車を運転し、多くの人々をひき殺している。この時牧師のすべきことは、遺族を慰め、葬儀をすることではなく、車を止めることだ」と。捕らえられた彼は、一九四三年四月から一九四五年四月まで獄中生活を送り、ドイツの降伏直前に処刑されました。彼の最後の言葉として伝えられているのは、次のような力強い言葉です。

「私にとって、これがいよいよ最後です。しかしまた、これは始まりです。――そして私たちの勝利は確かです――」

第二次大戦後、彼の抵抗とその思想は世界的に注目され、ボンヘッファーブームとも呼ぶべき現象が起きました。日本でも、彼の著作や伝記が次々と翻訳出版され、多くの人々に影響を与えました。

4　全体主義体制の特色

すでに紹介しましたが、ここで改めてヒトラー率いるナチスに代表される全体主義体制の特色を『オウム真理教の精神史』から引用してみます（一一九頁）。

(1) あまりにも巨大で混沌として見えるこの世界には、実は隠された真の秩序や法則が存在する、と唱えられる。（幻想的世界観）

(2) 真実の世界観を看取する特別な能力を持った人物がカリスマと見なされ、彼が団体を専制的に支配する。（カリスマ的支配）

(3) 指導者の主張する事柄が絶対的な善であり、それに反するものは消し去るべき悪であるとする、二元論的基準が立てられる。（二元論的基準）

(4) 信奉者たちは、自我や自由意志を捨て、指導者の人格に没入することが求められる。彼らの自我は、指導者のそれを模倣《コピー》したものとなる。（神秘的融合、人格改造）

(5) 周囲の社会から隔絶した、指導者を頂点とする共同体が作られ、個人の自由より共同体の規律が優先される。（自閉的共同体）

(6) 指導者の身辺は、選び抜かれた精鋭組織によって護衛される。精鋭組織は暴力集団でもあり、組織に都合の悪い人間を秘密裏に排除する。(暴力的精鋭組織)

(7) その存在や行動が不適切であると考えられる人間は、強制収容所に入れられて人格を矯正されるか、あるいはその存在を抹殺される。(強制収容)

(8) 共同体のなかに異分子が入りこんでいないかを、審査機関が絶えずチェックし、それを排除する。(異分子排除、情報防衛)

こうした特色は、ヒトラーの指示が絶対であり、親衛隊や秘密警察で周りを固め、異分子を排除し、ついには大量虐殺を行ったナチス・ドイツの行動論理に見事に当てはまるものです。

さらに私が指摘したいのは、こうした精神構造は、軍国主義や共産主義だけではなく、マインドコントロールや、カルト化した宗教集団、キリスト教会にも共通して見られるものである、ということです。実に残念なことですが、近年日本のキリスト教会でも、セクハラ、パワハラ問題が噴出してきています。そのいくつかは裁判沙汰にもなり、従来のキリスト教のイメージを大いに損なうものとなっています。私たちは、それらを決して人ごとのように考えてはいけないと思います。

巡回伝道者として広く用いられてきた福沢満雄牧師が、『総動員伝道』という機関誌で「支配的牧師に対する警告」を寄稿しています(三六四号、二〇〇一年七月一日発行)。先生は多くの教会で巡回奉仕をされた関係で、支配的牧師の振る舞いに苦しむ教会の信徒の方々からの悩みの相談を受けることが多く、その内容を率直に紹介しています。その主なものは、以下のようなものです。

1　牧師の言葉、予言、異言の説き明かしは、聖書と同じ権威を持っているかのように説教する。

2　牧師はキリストの代弁者としての権限を与えられているので、その言葉、判断、指示は絶対性がある。

3　牧師の許可なしに他のキリスト教の集会に出席してはいけない。

4　他の教団、教会には原則として転会させない。

5　入信時に告白したその人の過去の罪や弱点を折あるごとに持ち出して、それを理由に支配力を強め、がんじがらめにしてしまう。

6　牧師の意見に反対意見を述べたり反発したり、従わない者は、サタンの支配下にある者とされ、サタン呼ばわりされて一方的に除名される。

そして福沢牧師は、最後に「牧師は教会の頭ではありません。頭はキリストです」と締めくくっています。

結論

バルメン宣言でも繰り返されたように、イエス・キリストこそ私たちの唯一の主であり、誤りなき神の言葉である聖書こそ、唯一絶対の土台です。そして、ピリピ人への手紙二章六―八節には、主であるキリストの地上における徹底したへりくだりの姿が記されています。このキリストの歩みこそ、私たちの模範です。ペテロはペテロの手紙第一、五章三節で次のように語りました。

「あなたがたは、その割り当てられている人たちを支配するのではなく、むしろ群れの模範となりなさい。」

参考文献

河島幸夫『戦争と教会――ナチズムとキリスト教』いのちのことば社、二〇一五年
ペーター・シュタインバッハ『ドイツにおけるナチスへの抵抗 1933-1945』現代書館、一九九八年
C・F・ヴィスロフ『現代神学小史』いのちのことば社、一九七五年
太田俊寛『オウム真理教の精神史』春秋社、二〇一一年
雨宮栄一『バルメン宣言研究――ドイツ教会闘争史序説』日本基督教団出版局、一九七五年

朝岡勝『「バルメン宣言」を読む』いのちのことば社、二〇一一年
大澤武男『ヒトラーとユダヤ人』講談社、一九九五年
アドルフ・ヒトラー『わが闘争』上・下、角川書店、一九七三年版

（二〇一六年二月十日、新潟聖書学院の講義や他の神学校での講義より）

第四章　朱基徹《チュキチョル》牧師の殉教と日本の教会

「あなたには、わたしのほかに、ほかの神々があってはならない。あなたは、自分のために、偶像を造ってはならない。上の天にあるものでも、下の地にあるものでも、地の下の水の中にあるものでも、どんな形をも造ってはならない。それらを拝んではならない。それらに仕えてはならない。」（出エジプト二〇・三―五）

今日は、日本の植民地支配下における朱基徹《チュキチョル》牧師の殉教と日本の教会というテーマについて、戦前と戦後に分けて、ご一緒に考えたいと思います。

まず一つの文章を引用して、なぜ日本のキリスト者が朱基徹牧師の殉教を学ぶ必要があるのかを考えます。これは、『キリストの証人たち〈抵抗に生きる4〉』の中の「朱基徹」について、当時在日大韓基督教会、名古屋教会の黄義生《ファンイーセン》牧師が執筆した文章です。

「朱基徹《チュキチョル》！　この名を、韓国の教会はけっして忘れないでしょう。彼の名は、日本の帝国主義に対する韓国教会の挫折と抵抗・屈辱と栄光とともに、いつまでも記憶されることでしょう。……韓国の教会は、今日もなお、彼のかたくなに思えるほどの神社参拝に対する抵抗の姿から、信仰とは生命をかけるものであるという、信仰の厳しさを学んでいるのです。」（一四九頁）

次に黄牧師は、日本の教会にとって朱基徹牧師の殉教が何を問いかけているのかを記しています。

「韓国の教会だけでなく、日本の教会も、彼の名を忘れてはならないでしょう。なぜならば、日本の教会自身も彼の死に対してその責任の一端を負っているからです。日本の教会が、まず自国の帝国主義に屈服・妥協し、その後当局の指示によってではあったとしても、韓国教会に神社参拝を勧めることによって、韓国教会に言葉に言いつくせない苦難の道を歩ませ、ついには朱基徹牧師以下五十数名の殉教者を出させることになったのです。ですから、日本の教会が、韓国教会のたどった苦難の道を学ぶこと、朱牧師の歩んだ殉教の歩みを知ることは、自己の責任を正しく受けとめるためにも、ふたたびこのような過ちを繰り返さないためにも、欠かすことができないことなのです。」（一四九、一五〇頁）

私たちは、彼の殉教の死を通して、過去の日本の教会の戦争責任を問いながら、今日において教会のあるべき姿を考えたいと思います。

1　日本の教会と朱基徹牧師の殉教

日本のプロテスタント宣教は、一八五九（安政六）年にアメリカの宣教師によって開始されました。その二十六年後の一八八五年に、同じくアメリカの宣教師によって韓国でのプロテスタント宣教が開始されました。その後の両国のキリスト教の歴史は、質量ともに大きく異なる歩みをすることになりますが、今日はそのことを論じることは省略します。

日本のプロテスタント教会の体質と国家との関わりを見ると、戦前、戦時下において日本の教会は少数者として、絶えず国家や日本の社会から認知されようという傾向を持っていることがわかりますが、それについては本書の一六頁から二一頁に記しましたので、お読みください。

教団統理者富田満と神社参拝について

日本基督教団の初代統理として大きな権限をふるったのは、富田満という人です。戦前では聖書主義信仰に最も堅く立った神学校の一つである神戸神学校を卒業し、その後プリンストン神学校に留学しています。当時のプリンストン神学校は、正統的カルヴィニズム神学の牙城ともいうべき学校でした。つまり彼は、当時としてはレベルの高い聖書主義的な神学を学んだ人です。

富田は一九三〇年代から四〇年代にかけて、最大教派の日本基督教会の大会議長や日本基督教連盟の指導者となり、その後日本基督教団の初代統理という名実ともに日本のキリスト教界をリードした人です。

ここで注目すべきは一九三六年に、彼が理事をしていた明治学院で行った講演です。彼は「日本精神と基督教」と題する講演を行いましたが、そのなかでこのように言っています。

「日本精神と基督教の真髄は共に神の観念に発してゐる。即ち日本精神はその根本に遡るならば、日本書紀の中に神を本体として忠君愛国の主義を基として居る。又基督教に於ても聖書の巻頭に『元始《はじめ》に神天地を創造《つくり》たまへり』とあり、人格的神中心の宇宙観に発し、無言の裡《うち》に相通ずるものがある。斯《かか》るが故に諸君はその根本に立ち返り、両者の真義を把握して、日本精神即ち精神国日本建設の為に基督教徒として充分に貢献すべきである」

この発言において、キリスト教徒の立場からすれば重大な問題が存在します。富田は、日本精神と基督教の神観念がその真義において相通じるものであり、それゆえにキリスト教徒も日本精神に基づく日本建設、すなわち国策に忠誠を尽くすべきことを強調しています。しかし、唯一の絶対神信仰に立つべきキリスト教と天皇への忠誠と国家神道に代表される日本精神とは、本来相容れないものであり、そこには葛藤や対立が存在するはずです。

こうした発言は、彼が時局に合わせた方便なのか、本心として語っているのか、確かめる術はありません。そしてこうした論理のもと、当然ながら彼は、神社参拝もキリスト教会が国民儀礼として推進していくその先頭に立っていきます。

富田満と朱基徹との対決

一九三八年、富田満は日本基督教会の大会議長として渡韓し、朝鮮の教会の指導的な牧師たちを集め、神社参拝を国民儀礼として受け入れるよう説得工作をします。

『日韓キリスト教関係史研究』によれば、このときの両者の対決は、「殉教した朝鮮の代表的牧師であった朱基徹と最も典型的な日本の国家順応型キリスト者富田との対峙《たいじ》」と評されています。このとき富田は日本の武装警官の護衛のもとに、豊かな神学理論を展開しながら神社参拝は国民儀礼であり、聖書的にも罪ではないことを力説しました。

それに対し朱基徹は憤然と立ち上がり、「富田牧師、あなたは豊かな神学的知識を持っておられる。しかしあなたは聖書を知りません。神社参拝は明らかに第一戒を破っているのに、どうして罪ではないと言われるのですか?」と抗議しました。こうして、神社参拝の闘いに妥協することなく立ち向かった朱基徹は最後まで抵抗し、ついに殉教の道を選び取っていきます。

一方、一九四一年六月に日本基督教団の統理に就任した富田満が翌年一月にしたことは、伊勢神宮参拝でした。ここには、国家神道と一体化した軍国主義体制に組み込まれた日本の教会の姿が象徴されています。

アジア・太平洋戦争が本格化していくなかで、日本基督教団は国の内外で戦争に積極的に協力していきました。一九四四年九月『教団新報』の「殉国即殉教」という文章は、よくその時代のキリスト者の姿勢を示しています。

「今は国民総武装の時である。我々一億国民はみな悠久の大義に生き、私利私欲を棄てて只管《ひたすら》国難に殉ずる事を求められて居る。……前線に召されたる者は前線に於いていさぎよく大君の御盾となって国難に殉ずべし。これすなわち殉教である。銃後に置かれたる者は銃後に於いてあらゆる困難に耐えつつ戦力の増強に奉献すべし。之れすなわち殉教に外ならない。」

このように、キリスト教徒を含むすべての国民が、総力を挙げて天皇のために戦争に邁進《まいしん》することが殉教にほかならないと檄を飛ばしています。

朱基徹牧師の殉教

それに対し、真正面から神社参拝に抵抗し、最終的に殉教の道を選んでいったのが朱基徹牧師でした。彼は一八九七年に慶尚南道で生まれ、民族運動で有名な五山《オサン》中学校で学び、信仰生活とともに独立運動に情熱を傾けました。一九一九年に三・一独立運動が起きたとき、馬山教会で開催された信仰復興集会で献身を決意し、平壌神学校で学びます。

神学校卒業後、釜山や馬山で牧会した後、平壌の山亭峴《サンジョンヒョン》教会を牧会します。そのころ、朝鮮総督府から神社参拝を強要され、韓国の長老教会の総会で神社参拝を決議したのに対し、反対運動を起こしました。

こうした活動から警察に検束されます。警察による検束は前後四回におよび、七年間の拷問と病苦の獄中生活を送ります。そうしたなかでも屈せずに神社参拝を拒否し続け、ついに一九四四年四月に獄死しました。彼の殉教は、決して民族主義や政治的なものではなく、徹底した聖書への服従であり、神への服従の道でした。

彼は一九三六年、母校の平壌神学校の復興会に招かれて説教をしたとき、「私はほかに韓国教会にささげるものはありません。ただ、主のために、この命をささげます」と語りましたが、その言葉のとおり殉教の道を歩みました。それはまさに、マタイの福音書一六章二四―二六節のイエス・キリストの言葉への服従でした。

「だれでもわたしについて来たいと思うなら、自分を捨て、自分の十字架を負い、そしてわたしについて来なさい。いのちを救おうと思う者はそれを失い、わたしのためにいのちを失う者は、それを見いだすのです。人は、たとい全世界を手に入れても、まことのいのちを損じたら、何の得がありましょう。そのいのちを買い戻すのには、人はいったい何を差し出せばよいでしょう。」

2　戦後の日本の教会

一九四五年八月十五日、天皇の詔勅とともに日本政府はポツダム宣言を受諾し、連合国側に無条件降伏しました。日本の未曾有の敗戦は、戦争に全面的に協力し、国家と歩みをともにした日本のプロテスタント教会、すなわち日本基督教団にとっても大きな敗北でした。日本の教会は、このときまず戦時下の歩みを静かに振り返り、神社参拝を行い、侵略戦争に加担した罪を悔い改め、再出発することが求められました。しかし、現実はどうだったのでしょうか。

敗戦直後の四五年八月二十八日、日本基督教団の常務理事会が開かれ、次のような通達文がまとめられ、教団統理富田満の名で全国の教会に送付されました。

「聖断一度下り畏《かしこ》くも詔書の渙発《かんぱつ》となる而《しか》して我が国民の進むべき道茲まれり……我らは先づ茲《ここ》に到りたるは畢竟《ひっきょう》我らの匪躬《ひきゅう》の誠足らず報国の力乏しきに因りしことを深刻に反省懺悔し……」

この通達文を見る限り、教団当局の姿勢や認識は戦時中と基本的に変わりませんでした。「深刻に反省懺悔し」とあるのは、教団が神社参拝や侵略戦争に協力した罪を反省し、神に対して悔い改めるというものではありません。文脈から判断する限り、敗戦に至ったのは臣民である自分たちの「誠」と努力が足りなかったからであり、そのことを天皇に対して「深刻に反省懺悔し」ていると解釈すべきものです。このように日本の教会は戦争責任を問うことをしないまま、進駐軍時代のキリスト教ブームに便乗し、「三百万救霊運動」を提唱し、再出発を図ったのでした。

教団統理を担った富田満は、戦後統理の職を辞しましたが、それは戦争責任を感じての辞任ではありませんでした。戦後初の常議員会で戦争責任をどのように感じるかを問われたときに、「余は特に戦争責任者なりとは思わず」と言い切りました。そのうえで重要責務が山積する今、直ちに辞職するのは無責任であるとし、適当な時期に辞任することを述べました。そして翌年の臨時総会で統理を辞任したものの、その後も常議員や総合伝道委員長の重職を歴任しています。

このように、戦争責任をあいまいにした日本の教会を、同じ敗戦国のドイツの教会と比べてみると、その違いがいっそうはっきりします。一九四五年十月、ドイツ福音主義教会は、「シュトゥットガルト罪責宣言」を発表し、この戦争についてドイツの教会の犯した罪を告白しました。

「我々は大いなる痛みをもって次のように言う。我々によって、果てしない苦しみが多くの国民、国土にもたらされた。なるほど我々は、国家社会主義（ナチス）の暴力的支配の中にその恐るべき姿をあらわした霊に抗して、長い年月の間、イエス・キリストの御名において戦ってはきた。しかし我々は、我々がさらに勇敢に告白しなかったこと、さらに忠実に祈らなかったこと、さらに喜びをもって信じなかったこと、そしてさらに愛さなかったことを、自らに向かって責めるものである。」

彼らの多くがナチスと戦い、被迫害者、殉教者すら出した教会でありながら、なおかつ自らの戦争責任を鋭く問い、その罪を率直に悔い改め、告白したのでした。

ドイツ教会闘争の日本への紹介

一九六〇年代から、ドイツの告白教会のナチス・ドイツに対する抵抗運動が紹介されるようになりました。特にナチスに公然と抵抗し、殉教の道を選んでいったディートリッヒ・ボンヘッファーの『交わりの生活』（聖文舎、一九六〇年）、『主に従う』（聖文舎、一九六三年）などの著作が次々と紹介されていきました。

同じ敗戦国であるドイツの教会の軍国主義に対する闘いが日本の教会に紹介されていくなかで、日本の教会の戦時下のあり方が問われるようになり、日本基督教団の戦争責任告白の発表につながっていきます。

「第二次大戦下における日本基督教団の責任についての告白」の発表とその背景について

一九六七年三月の復活祭のとき、日本基督教団総会議長、鈴木正久の名前で「第二次大戦下における日本基督教団の責任についての告白」が発表されました。ここには直接、神社参拝や韓国教会への言及はありませんが、戦時下の日本の教会の罪責を悔い改め、日本の教会の、アジアの教会に対する加害者としての罪への痛切な謝罪があります。

この宣言が出された背景として、前述のドイツの告白教会の抵抗が紹介されたこととともに、韓国教会の戦時下の神社参拝に対する抵抗が知られてきたことが挙げられます。

一九六五年、難航の末、日韓条約がようやく結ばれ、日韓国交正常化により日本と韓国の教会交流が再開されました。こうした交流を通して、日本の教会は戦前の韓国の教会の神社参拝に対する闘いに注目し、同時に日本の教会の戦争責任について自覚するようになっていきました。そうした中から神社参拝をめぐる韓国のキリスト者の殉教者、特にその代表的存在である朱基徹の存在が徐々にクローズアップされてきたのです。

以下にそのころ出版された本を紹介します。日本でも教鞭を執った池明観《チミョンカン》の『流れに抗して——韓国キリスト者の証言』（新教出版社、一九六六年）のなかで、まず朱基徹の殉教が紹介されました。続いて在日大韓基督教会の指導的牧師である呉允台《オユンテ》の『日韓キリスト教交流史』（新教出版社、一九六八年）で彼の闘いが紹介されました。一九七四年には、最初に紹介した『キリストの証人たち——抵抗に生きる』（日本基督教団出版局）のシリーズの四巻目に、内村鑑三ら四人とともに朱基徹牧師が五十頁にわたってその生涯と神社参拝の闘いについて紹介されました。

一九七〇年代から八〇年代初期は、韓国では軍事政権が権力を握り、学生や知識人、宗教者の民主化運動を徹底的に弾圧していました。このころ日本の教会は、日本キリスト教協議会（ＮＣＣ）系の教会を中心に、韓国の民主化闘争支援に力を注ぎました。戦前日本の教会が、神社参拝による殉教の加害者となったことに対する反省も踏まえていると考えられます。

韓国の代表的な殉教者として

一九八〇年代に入ると、日本の教会で、韓国の代表的な殉教者としての朱基徹牧師の評価が定着していきました。一九八六年に日本基督教団出版局から出版された『キリスト教人名辞典』は、古代から現代までの古今東西のキリスト者を収録した本格的な人名辞典です。このなかで、朱牧師は二十一行にわたって記述されており、「朝鮮プロテスタントの代表的殉教者」と紹介されています。

ついで、一九八八年に教文館から『日本キリスト教歴史大事典』が出版されました。この事典は、日本のキリスト教に関わる事項や人物を網羅した大事典であり、そのなかで朱牧師は三十七行にわたって詳しく記述されています。この事典でも、「韓国の代表的殉教者」として紹介されています。

翌一九八九年には、彼についての本格的な伝記『神の栄光のみ――殉教者朱基徹牧師伝』が日本語に翻訳され、すぐ書房から出版されました。著者は、韓国を代表する教会史家で延世大学の神学部の教授である閔庚培《ミンギョンベ》で、澤正彦と尹宗銀《ユンジョンウン》が翻訳しました。ただ、出版社が小さな個人出版社であったため、必ずしも多くの人の目に留まったとは言えませんでした。

一九七〇年代、八〇年代に日本では信教の自由をめぐる違憲訴訟が相次ぎました。それらのなかでは、津地鎮祭違憲訴訟や岩手靖国訴訟が知られています。こうした裁判に原告として加わっている人々の中に、韓国教会と交流している人々が少なくありません。

また一九七〇年代に韓国に宣教師として渡った澤正彦は帰国後牧会をしながら、日曜学校訴訟を支援者とともに起こしました。これは、彼が聖日厳守と公権力への抵抗の精神を韓国教会、特に朱基徹から学んだということもあるでしょう。

一九九〇年代から二十一世紀にかけても、朱牧師についての説教集や研究書が次々と出版されています。これらのことから、信教の自由や平和問題をめぐる闘いや運動のなかで、朱基徹牧師の抵抗の精神が、教派を超えて日本の教会に浸透してきているといえます。横浜の教会では、毎月「朱基徹牧師記念集会」の研究会がもたれています。

今日の日本の教会の課題と闘い

今日の日本の教会は、確かに戦時下のような国家権力による直接的な迫害や弾圧はありません。しかし、天皇の代替わりに象徴的に現れたように、天皇制を支える精神構造は昔も今も変わっていません。そして近年教育・マスコミ・治安の諸分野で日本の右傾化の傾向はどんどん強まり、信仰・思想の自由も公益の名のもとに制限される時代が訪れようとしています。

まさに今日の日本は、再び戦前の国家主義の道を着々と進んでいます。そうしたなかで、日本の教会が時代の見張り人として、信仰を、命を賭けて証ししていく姿勢があるかということを、朱基徹牧師の殉教は、私たちに問いかけているのではないでしょうか。

参考文献

四竈揚・関田寛雄編『キリストの証人たち〈抵抗に生きる４〉』日本基督教団出版局、一九七四年
閔庚培著、尹宗銀・澤正彦訳『神の栄光のみ――殉教者朱基徹牧師伝』すぐ書房、一九八九年
徐正敏『日韓キリスト教関係史研究』日本キリスト教団出版局、二〇〇九年
信州夏期宣教講座編『主の民か、国の民か』いのちのことば社、二〇〇六年
信州夏期宣教講座編『秘密保護法の日本と教会』いのちのことば社、二〇一五年
中村敏『日本キリスト教宣教史』いのちのことば社、二〇〇九年
戸田政博編『神社問題とキリスト教――日本近代キリスト教史資料〈１〉』新教出版社、一九七六年
閔庚培著、金忠一訳『韓国キリスト教会史――韓国民族教会形成の過程』新教出版社、一九八一年
池明観『流れに抗して――韓国キリスト者の証言』新教出版社、一九六六年
呉允台『日韓キリスト教交流史』新教出版社、一九六八年
久保義三『昭和教育史　上』三一書房、一九九四年

（二〇一五年九月十四日、「朱基徹牧師記念の集い」の講演から）

第五章　浅見仙作とその非戦思想の今日的意義

「その時、イエスは彼に言われた。『剣をもとに納めなさい。剣を取る者はみな剣で滅びます。』」（マタイ二六・五二）

浅見仙作は、新潟県北蒲原《かんばら》郡千唐仁《せんとうじ》村で生まれ、その生涯の主な活動を北海道で送った人物です。渡米中に非戦思想を持つようになり、堅く信仰に立つその生き方は生涯変わりませんでした。官憲による逮捕、投獄もその信念を覆すことはできませんでした。本論文においては、彼の生涯をたどりつつ、その非戦の思想と闘いがどのようなものであったかを考えてみたいと思います。

今日の日本は、東アジアを取り巻く軍事的緊張が高まるなかで、集団的自衛権の行使が容認され、日米の防衛協力が従来の憲法解釈の枠を大きく越えて拡大されようとしています。そのような、平和憲法をめぐる戦後最大の危機のなかで、新潟県の生み出したこの平和主義者の闘いの今日的意義を考えます。

1　その生い立ちと青年時代

浅見仙作は、一八六八（慶応四）年に新潟県北蒲原郡千唐仁村（現、阿賀野市千唐仁）で生まれました。日本有数の大河である阿賀野川がすぐそばを悠々と流れている農村地帯です。今は立派な堤防があって洪水から地域を守っていますが、それ以前は川の氾濫による農地の浸食がしばしばあり、「川欠け」と呼ばれて、村人から恐れられていました。仙作が生まれたのは、ちょうど江戸時代から明治時代への大転換の真っ只中でした。彼の父は浅見松造、母はカネで、その長男として生まれました。浅見家は村の世話役をしていた中農の家柄であり、代々熱心な曹洞宗の檀家でした。彼が生まれたのは、釈迦の誕生日とされる四月八日であり、しかも長男であったので、一家にとってはこの上もない喜びでした。

仙作は小さいころから学問が好きで、一八七九（明治十二）年からは見込まれて村の小学校の代用教員を務めるほどでした。しかし阿賀野川の決壊による田畑の流失のため、浅見家は厳しい経済的困窮に襲われました。こうした家の危機のとき、彼は大切にしていた書物を売り、手放し、農作業や新たに始めた肥料・雑穀の商売に精を出したのでした。

北海道移住と絶頂期

彼が二十四歳のとき、近隣の新津の出身者で、北海道にわたって大成功し、故郷に錦を飾って帰って来た人がいました。それを聞いた彼は、自分も北海道に行って一旗揚げようと直ちに決心しました。親には神社詣りに行くといって親友とともに阿賀野川を下り、新潟港から船で小樽に向かいました。そして札幌の富豪の家に住み込みで奉公し、一日も早く独立しようとの一心で無我夢中で働きました。

その労苦は報われ、二年後に札幌市近郊篠路《しのろ》村に五万坪の土地を譲り受け、開墾生活に入りました。熱心な労働のかいもあって、翌年は大豊作に恵まれました。そこで彼は郷里に帰り、親戚・友人たちに北海道移住を勧めました。すると五十人ほどの人々がその勧めに従って、北海道に移住しました。二十九歳のときに、彼は篠路村の総代に推されました。年若く、しかも移住してまだ三年にしかならない新参者が村の総代に選ばれるとは、まさに異例のことでした。彼は村人の期待によく応え、在任中に小学校の新設や道路、排水路の整備などに力を注ぎました。さらに学務委員、郵便局長、製麻会社の耕作総代、農業同友会会長など村の公職を一手に引き受け、仕事も順調に発展し、資産も増えていきました。徒手空拳で北海道に移住して七年、三十歳の彼は富も名誉の手にし、人生得意の絶頂を迎えていました。

2　キリスト教入信から渡米時代

ところがその年、彼は得意の絶頂から失意のどん底へと突き落とされます。この年の集中豪雨で石狩川が氾濫し、作物は全滅、被害は家屋、人や家畜までに及ぶ甚大なものとなりました。浅見は総代として、救済活動のために不眠不休で飛び回り、北海道庁に掛け合って救済措置を請願しました。しかし、失望した多くの人々は、結局自分たちの郷里に戻ってしまいました。浅見自身も大きな打撃を受け、一切の公職を辞し、家の建て直しに懸命に励みましたが、大きな借金を背負ってしまいました。そうなると人の心は冷淡なもので、親戚、知人も彼に寄り付かなくなってしまいました。この時のことを、彼は後に自伝『小十字架』のなかで次のように振り返っています。

「子供が剃刀《かみそり》やマッチを持つて遊びまわるのを危険視して之を制止する親のように、神は最高《いと》き所より之を見そなはし給いし為にか、私が得意の頂上に立てる時、ノアの大洪水を偲ばしむる程の大洪水襲来し、石狩川沿岸一帯泥の海と化し、私の事業地も全部荒廃に帰したのは明治三十一年九月始めであつた。局面は急転し、私は名利的美服を剝ぎとられ、丸裸にされて路傍に投げ出されたようになつた。為に人生問題に悩み、窮余極端の唯物思想に偏した。」（八五頁）

浅見はこのように人生に行き詰まり、高利貸になろうか、自殺しようかとさえ考えるようになりました。そうした苦悶の日々のなかで、心機一転してアメリカに渡り、起死回生を図ろうとしたのです。彼は、渡米の手続きを知るために、同郷の五泉出身の木村清松と連絡を取りました。木村清松は新潟市にあったミッションスクールの北越学館を経て東北学院で学んだ後、一八九四年に渡米留学し、一九〇二年に帰国したキリスト者で、のちに牧師や大衆伝道者として活躍した人物です。

浅見が木村に連絡を取ったころは、木村が帰国して間もないころであり、ちょうど出張中でした。木村はその出張先から、中田重治という人が近いうちに北海道に行くので、その人に会うようにと紹介状を書いてくれました。

キリスト教入信と変化

この中田重治は、日本ホーリネス教会の創立者であり、シカゴのムーディ聖書学院では木村清松の先輩にあたる人です。中田は一九〇一年に、アメリカ人宣教師のC・カウマン夫妻とともに東京の神田で中央福音伝道館を設立し、そこを拠点に伝道戦線を広げていました。

一九〇二年の七月に、中田は福音伝道隊を引き連れて札幌にやって来ました。さっそく面会を申し込んだ浅見に、中田はまず集会に出ることを勧めました。その勧めに従って、彼は札幌メソジスト教会に行き、生まれて初めてキリスト教の説教を聞きました。その日の説教者は、三谷種吉という中田の協力伝道者でした。その話は、放蕩した息子が母の命がけのとりなしにより、父親と和解したという話で、そこからイエス・キリストによる罪の赦しを説き明かしたものでした。浅見は、この説教を聞いて感動し、次のように記しています。

「この話をきゝ、忽ち天来の槌もて頭を粉砕されし如く、私の罪のためにあれ程に苦しみ悶死し給えるイエス様、又私の罪を赦さんために其独子を十字架にまで釘けたまえる天父の御慈愛の有難さ、然るにそれを今まで知らぬことゝは言いながら其尊き父なる神を一度も礼拝もしなかつたとは、何たる忘恩の至りしなりしかと、認罪の念はむらむらと起り懺悔の涙止めどもなく流れた。」（同書、八七―八八頁）

浅見は、この話に出てくる放蕩した息子とは、まさに自分のことであると直感しました。自分の過去の罪深さとともに、その自分の罪のためにイエス・キリストが十字架にかかってくださったことがわかり、涙が止めどなく流れました。このときから、彼のクリスチャンとしての新しい人生が始まったのでした。それまでの自分中心の人生観から、神中心の生き方に一八〇度変わったことを実感したのでした。

一九〇二年十一月に、彼は札幌メソジスト教会で高北三四郎牧師から洗礼を受け、クリスチャンとして歩みだしました。彼は、この救いの喜びを他の人々に伝えずにはいられませんでした。まず彼の妹が信仰に入り、続いてその夫が信仰に入りました。

浅見はその地域のお寺の檀家総代をしていたので、お寺にとっては大きな打撃でした。わずか二か月で、その地域からキリスト教に入信した人が十数名に及びました。こうした動きに、危機感を強めた周囲の五つのお寺の僧侶たちが、キリスト教退治大演説会を開催するほどでした。しかし、浅見を中心とする信徒たちは熱心に集会を守り、雪深い北海道の原野に讃美歌の声が高らかに響き渡りました。

アメリカ時代

一九〇三年、浅見は渡米をしました。キリスト教国アメリカを視察し、しばらく家事から離れて聖書を学ぶとともに、アメリカで仕事を得て借金を返したいとの願いからでした。このアメリカ時代に、彼は非戦論者となって、内村鑑三の無教会主義の信仰を受け入れ、教会と訣別したのでした。

この時代のアメリカは商工業が大いに発展し、キリスト教界においてはD・L・ムーディがシカゴを中心に信仰復興運動（リバイバル）を盛んに推進していました。そうしたなかで、十九世紀の終わりごろアメリカの太平洋岸にもその信仰復興の波が及び、カリフォルニア州の日系人のなかでも入信する人々が多く出てきました。しかし、浅見が渡米したころは、すでにその熱気は醒めつつありました。彼は激しい農作業の傍ら、サンフランシスコのバカビルにある日本人メソジスト教会に通い、一生懸命奉仕しました。教会は地上の天国であるとの期待を持っていましたが、それは見事に裏切られ、教会が矯風クラブか精神修養所のようなものとなっていました。彼はそうしたなかで、一生懸命自分の新生の証しを語り、信仰の火を再び灯そうと懸命に努力しました。

非戦論者としての覚醒と内村鑑三との出会い

ちょうどそのころ、日露戦争が勃発しました。これは中国や朝鮮の権益をめぐる日本とロシアの戦争で、一九〇四（明治三十七）年二月に戦争が始まり、翌年の九月に日露講和条約が結ばれて一応終結を見ました。日系人教会の中も、寄ると触ると戦争の話で持ち切りとなり、日本の勝利のために祈禱会を開き、軍用のための献金を募りました。

浅見は以前から、「すべて剣を取る者は、剣にて滅びます」との聖書の言葉から、クリスチャンはすべての戦争に反対すべきものと信じていました。あるとき彼が教会の集会で、戦争に反対する自分の立場について語ったところ、親しくしていた友人が憤然として立ち上がり、「非国民！」と彼を罵り、椅子から突き落としました。このとき以来彼は、自分がこの教会にとどまるべきか、脱退すべきか真剣に悩み始めます。

ちょうどそのころ、彼は友人から内村鑑三の『聖書之研究』という雑誌を借りて読むようになります。そのなかで内村は、明確に非戦論を主張していました。内村は日清戦争（一八九四―九五年）の時は、日本の正義の戦いとしてこれを支持しました。しかし戦争の結果を見たときに、自分の立場を深刻に反省します。そして日露戦争のときには、日本の教会の大勢が戦争を支持したにもかかわらず、徹底した非戦論を展開したのでした。

内村は、一九〇四年九月二十二日号の『聖書之研究』に、「余が非戦論者となりし由来」とする文章を発表しました。このなかで、彼が以前の日清戦争の時は、「日清戦争の義」と題する文章を発表してその戦争の正当性を訴えたが、最近になって自分は戦争に対する考えを一変させたと主張しました。その理由を四つ挙げています。一番目は、聖書、特に新約聖書の教えです。二番目は「自分の生涯の実験」であり、三番目は「歴史の教訓」、特に日清戦争の結果からであり、戦争が害あって益のないものであることを主張します。そして四番目は、彼が二十年来愛読してきたアメリカの新聞『スプリング共和新聞』からの感化でした。この文章の最後を、彼はこのように結んでいます。

「私は終《つい》に非戦論者となりました、然かし非戦論とはたゞ戦争を非とし、之に反対すると云うこと計りではありません、非戦論の積極的半面は言うまでもなく平和の克復（戦いに勝って、以前の平和をとり戻すこと）並に其耕脩であります」（『内村鑑三全集　十二巻』四二六頁）

さらに内村は日露戦争終結後、「平和の歓迎」と題する文章を発表して、次のように論じました。

「再び外国に対して戦争する勿《なか》れ、戦争に対して戦争せよ、悪《にく》むべきは支那人にあらず、露西亜《ろしあ》人にあらず、戦争其物なり、吾人をして全力を注いで今より此『罪悪の首《かしら》』の全滅を計らしめよ。」（『内村鑑三全集　十三巻』三七二頁）

このように内村は、明確に非戦論こそ聖書の教えそのものであると言い切りました。当時日本人メソジスト教会内でまったく孤立していた浅見は、内村のこうした主張に百万人の援軍を得たように励まされました。こうして彼は当時の教会の大勢に反し、非戦論の信仰的立場を確立するに至りますが、この経験を彼は「第二のバプテスマ」と呼びました。

このような立場に立った彼にとって、教会はもはやとどまるべき場所ではありませんでした。内村の教える無教会の信仰を自分の立つべきものとして選び、日本人メソジスト教会を脱会しました。その後、彼は『聖書之研究』をはじめ内村の著作のすべてを取り寄せ、熱心に読みました。また内村と個人的に手紙をやりとりし、戦争観や教会観についていっそう確信を深めていきました。これが彼にとって、渡米中の最大の収穫となりました。

3　帰国後の活動

内村鑑三との交わり

一九〇六（明治三十九）年の暮れに、浅見は三年間のアメリカ滞在を切り上げて帰国しました。帰国早々彼は、滞米中の指導に感謝するために内村を訪問します。半月ほど内村の自宅に滞在した彼は、いっそう深くその教えに接し、彼の弟子たちとも交わりを結びました。これ以降、浅見は、内村が一九三〇（昭和五）年に召されるまでその教えを受け、深い交わりを持ちました。内村は、多くの弟子たちや教友たちと訣別しましたが、以下の書簡に見られるように、浅見との友情は生涯変わりませんでした。

「神の恩恵に由り先づ以て我等の霊的交際が断絶せずして止みしこと、誠に感謝の至りに存候《そうろう》」（内村鑑三全集　三十八巻』四四一頁）

またある年の年賀状では、次のように言っています。

「主に在りて愛する　浅　見　君

新年を賀します、御書面並に石狩の鮭、誠に有難く存じます、君と永く御交際を継くることが出来て感謝します、今に尚ほ小生に叛《そむ》き去るお弟子さんがあります、そして彼に同情するお弟子さんも沢山あります、然しさう云ふ人達はまだ小生の信ずる主イエスキリストを知らない人達であります、故に去るのは当然であります、キリストに在りて結ばれし友垣は永久に壊れません、故に安心です、札幌に本当の信仰が燃えんことを祈ります」（『内村鑑三全集　三十九巻』七四頁）

このように内村は浅見を深く信頼し、その北海道での活動に大きな期待を寄せていました。

五ノ沢時代

北海道に戻った彼は、石狩川の河口から東北へ十数キロさかのぼった五ノ沢と呼ばれる丘陵地帯に家族、友人たちと入植しました。彼らは、百万坪の広大な地を一生懸命開墾しました。片手には鍬《くわ》やのこぎりを握り、片手には聖書を持ち、昼は労働、夜は祈りと聖書を読みながら、日々の生活を送り、日曜日には皆で礼拝を守りました。浅見の言葉によれば、「我らには会堂もなければ牧師もなく、又何らの儀式も信条もなく、各自主イエスに直隷し、その愛に励まされて自発的に之を御互日常生活の間に実行させらる、丈である」（『小十字架』一〇四頁）。

このように、無教会の集会のあり方をそのまま実行しました。浅見はこの集会の中心となり、日曜日ごとに聖書の講義をしました。次第に集まる者も増え、日曜日の集会には大人が三十人、日曜学校の生徒が三十五人ほどになりました。彼らは、この地を「シオンの丘」と呼ぶようになります。一九二五（大正十四）年に浅見が札幌市に移ってからは、浅見の義弟の市川がこの群れの中心となって集会を守りました。

この五ノ沢時代に、刑務所を出所した青年を預かり、信仰に導くということが起きました。また当時、北海道で起きた一家五人殺害の凶悪犯人が、服役中に浅見の手紙や聖書の差し入れを通して、鮮やかに回心するということが起きました。彼はすでに死刑判決を受けていたので、死刑になりましたが、信仰を持って平安のうちに天国へ召されました。浅見はそれを聞き、イエス・キリストとともに十字架につけられ、死の直前に悔い改め、イエス・キリストから「あなたはきょう、わたしとともにパラダイスにいます」と言われた強盗のことを思い出しました。

伝道活動と非戦・平和のための闘い

一九二五（大正十四）年、浅見は札幌市に移ります。五ノ沢時代に山道を歩いて大けがをし、何とか治ったもののもはや農耕生活はできず、やむを得ず札幌に出て来たのでした。五十七歳になっていた彼は、札幌で浴場業を始めました。彼はこの仕事を、人の身も心も清める素晴らしい仕事だと考え、一生懸命に取り組みます。彼の生活信条は、「思いは高く、生活は低く」というもので、自活しながらあくまで信徒として伝道活動に取り組みました。

当時札幌には、浅見の次女が嫁いだ金澤常雄が札幌独立基督教会を牧会していました。この札幌独立基督教会は、かの有名なW・クラークの信仰の感化を受けてクリスチャンになった札幌農学校（現・北海道大学農学部）の一、二期生が中心となって設立した教会で、今日も存続しています。この教会は、内村鑑三の無教会主義の影響を受け、洗礼や聖餐式を行わず、どの教派にも属さない独立教会でした。

浅見の娘婿となった金澤常雄は群馬県出身で、旧制第一高等学校時代に内村の聖書研究会に出席しました。東京帝国大学卒業後、内務省に就職しましたが、健康上の理由で退職します。その後、留岡幸助の経営する北海道の家庭学校で働いていたときに、明確な信仰の回心を経験しました。その後上京して内村の助手を務めた後、内村の推薦で一九二二（大正十一）年札幌独立教会の牧師となります。五年間の札幌時代に、義父の浅見とともに札幌や小樽で熱心に伝道活動を行いました。

金澤はその後上京して、『信望愛』という伝道誌を発行し、独立伝道を行います。そして、その雑誌の一一五号（一九三七年十一月号）に「神の真実」と題する一文を発表します。そのなかで、始まった日中戦争について、「今次事変に関する我が国の方針は不義罪悪なり」と、非戦平和の立場から激しく批判しました。その結果雑誌は発禁となり、彼は出版法違反で検挙されます。こうした点においても、浅見と金澤は闘いをともにしました。

浅見は、一九三一（昭和六）年から札幌、五ノ沢をはじめ北海道の各地にいる同信の友の霊的交流を図るため、『喜の音《よろこびおとずれ》』誌を発行します。彼の言葉によれば、「信仰のみにて義とされるという十字架中心の、純真な福音を高唱し、北海道の真ん中に、無教会的十字架の旗を掲揚したい」との願いからでした。

この雑誌について、浅見と親密な交流をし、後に彼の裁判闘争を支援した矢内原忠雄は、自分の発行する『通信』のなかで、次のように紹介しました。

「之（『喜の音』）は浅見仙作氏の発行する『通信』形六頁の福音紙。浅見氏は長く農業に従事せられたが、今は札幌で銭湯を家業としつつ福音伝道に従事せらるる無教会の老戦士、もう七十歳に近いであらう。毎号の寄稿家石川仲伊氏は石狩五の沢の住人で、郵便集配人を業として居る二十六、七歳の青年である。執筆者の履歴を知らずに読めば本紙はその主張といひ、思想文章といひ、誰が書いたかと思ふ位堂々たる雑誌である。知つて読めば驚嘆すべき神の聖業福音の生きたる証明として、一層堂々たる雑誌である。之こそ北海道の光であり、無教会平信徒の勝利である。」（『矢内原忠雄全集　第二十五巻』八七頁）

このように、矢内原はこの『喜の音』を激賞しました。

4　浅見の逮捕と裁判闘争

一九三〇年代（昭和初期）は、アジア・太平洋戦争突入の前段階であり、まるで坂道を転げ落ちるように、満州事変から日中事変へと侵略戦争にのめり込んでいった時期です。一九二九（昭和四）年にアメリカのウォール街から始まった世界大恐慌は日本にも波及し、企業の倒産と失業者の急増、労働争議の激化があり、東北の農村では子女の身売りが相次ぎました。そうしたなかで、日本の支配者層は日本の活路を中国大陸進出に求めました。「満蒙（満州とモンゴル）は日本帝国の生命線である」との認識とスローガンのもとに、中国東北部の侵略をエスカレートさせていきました。

一九三一（昭和六）年に日本の軍部が引き起こした満州事変を通して、日本政府は傀儡《かいらい》国家「満州国」を樹立します。こうした侵略行為に対する諸外国の非難を浴びた日本は国際連盟を脱退し、同じくファシズム国家となっていたドイツ、イタリアと軍事協定を結び、英米仏露等の連合国と対抗しました。

この時期には五・一五事件（一九三二年）や二・二六事件（一九三六年）をはじめ軍人や右翼によるクーデターやテロが相次ぎ、軍国主義は拡大の一途をたどっていきました。一九三八年には国家総動員法、一九三九年には宗教団体法、一九四一年には治安維持法の改正が行われ、天皇制や戦争体制と相容れないあらゆる団体、個人に対する容赦ない弾圧が加えられていきました。

このような思想統制の官憲の手は、浅見の出していた地方の小さな伝道雑誌にも容赦なく及んでいきました。彼は一九三五年の『喜の音』の七、八月号に「二、三の警告」と題する文章を発表し、正義と平和こそ国を救う道であるとの論陣を張りました。さらに翌年の一九三六年五月号には、「凡《およ》そ剣を採る者は剣にて亡ぶ」との文章を載せ、次のように主張しました。

「噫慕はしきかなキリストの王国よ。而してその国の市民たらんと望む者は、否既に国籍を天におかれし者は主の御言に遵《したが》ひ、絶対に剣をとるべきでありません。乃《すなは》ち鉄の剣の代りに愛の剣を採り飽まで愛敵の精神もて進み行き、仮令《たとひ》ふみつけられても抵抗しないのが主の御旨である。」（『戦時下無教会主義者の証言』一八頁）

実に徹底した非戦平和主義の主張です。また浅見は、一九三七年の『喜の音』に札幌市の広場でなされた銃剣を用いての軍事訓練にふれ、次のように書きます。

「白昼《はくちゅう》公然殺人の稽古を為しつゝあるを観た。之をしも文明といい、また平和を計るのだと言う、噫！」（『小十字架』一二二頁）

彼はこの号の紙面で、彼が信仰に導いた一人の青年からの手紙の一節を載せました。

「日支事変も愈いよ凄《すご》くなりました。神の前に大《だい》なる罪を犯すに歓呼の声を以て送つてゐます。之が楽土建設の為とは誠に笑うべき愚《ぐ》であります。私たち主に在る者は平和の御祈り致しましょう。」(『小十字架』一二六頁)

これらの文章が検閲当局の目に留まり、不穏文書として発売禁止処分となりました。札幌警察署の特高課から刑事が浅見の家に来て、『喜の音』や書籍、手紙類が押収されました。この事件は、結局新聞紙法違反で済みました。このころ、浅見の娘婿で独立伝道者の金澤常雄の発行していた雑誌『信望愛』も非戦思想のために発禁処分となり、戦争の反対を唱えた矢内原忠雄は東京帝国大学法学部から追放されました。

留置所での取り調べ

一九四一年十二月八日、ついに日本の海軍はハワイの真珠湾を攻撃し、ここに太平洋戦争が始まりました。国内は戦時色一色となり、国策に少しでも異を唱える国民に対してファッショ的弾圧が激しさを増していきました。浅見は、『喜の音』が発禁処分になった後、『純福音』を発行していましたが、それも発禁処分になります。しかし浅見は屈することなく、『雪の下より』という葉書通信を発行し、全国の教友を励まし続けました。

一九四三(昭和十八)年七月二十一日、浅見は反戦思想を主張したということで取り調べを受け、日記や書籍、雑誌を押収されます。この時は翌日に帰宅を許されましたが、七月三十日に再び召喚され、本格的な取り調べを受けました。彼の留置場生活は半年以上続き、そのときの生活は、彼の自叙伝である『小十字架』に詳しく記されています。このとき彼は、すでに七十六歳でした。多くの犯罪者が入れ代わり立ち代わり出入りする、狭く不自由な留置場生活は、まさに「忍耐・服従・待望」を日々学ぶ生活であり、イエス・キリストの十字架の苦しみを、今まで以上に近く感じる生活となりました。その生活のなかで生まれた短歌が、「十字架をいともさやかに仰ぎけり　カルバリ近き監房の中」であり、彼の信仰がよくうかがえます。

当局は浅見の過去の文章を取り上げつつ、所々に「反戦」という赤紙を貼りながら、彼の古傷を探るように調書を作り上げていきましたが、なかなか進みませんでした。

一九四四（昭和十九）年に彼は七十七歳となり、喜寿の年の元旦を監房で迎えました。この年の二月に検事が出向し、本格的な取り調べが始まりました。検事は浅見に対し開口一番、「浅見、明日から君をサタンが取り調べるからな！」と脅しました。取り調べで追及されたのは、キリスト教の神と神道の神との違い、キリストの再臨と天皇の治世との関わりでした。後者の問題についての追及の時には、すでに治安維持法違反で検挙されていたホーリネス系の牧師たちの調書をもとになされました。キリスト教は天皇制の国体と相容れず、反戦思想を持っている有害な宗教であるとの当局の予断と偏見があり、浅見の取り扱いについても、すでに治安維持法違反で検挙するというシナリオがうかがえます。

この時の彼の取り調べ内容の一部は、『戦時下のキリスト教運動3』の中に収録されています。それによれば、直接の嫌疑は、彼が『雪の下より』と題する葉書通信で反戦的文章を書き、全国の同信の者に連続して頒布したことが挙げられます。さらに彼が札幌市内で、同じ浴場経営者に次のように言ったことが取り上げられています。

「『日米戦争は豚と鼠《ねずみ》の喧嘩《けんか》の様なものだ、アメリカは豚で日本は鼠の様なものだから、長期戦になったら勝てるものでない、どちらが勝っても良いから早く平和になれば良いのだ』云々との反戦的言辞を弄《ろう》したり。」(『戦時下のキリスト教運動3』一五六、一五七頁)

浅見の取り調べにあたった北海道庁特高課では、浅見について「我が国体を否定し且《か》つ神宮の尊厳を冒瀆すべき不逞《ふてい》教理を流布宣伝し来れる嫌疑濃厚となれる」とし、治安維持法違反として検挙したとしています。この治安維持法は一九四一年に改正されたもので、国体を否定したり、神社や皇室の尊厳を冒瀆したりする恐れのあるあらゆる団体を取り締まることを目的とした、恐るべき法律です。以前はそうした行為を行ったことが処罰の対象でしたが、改正後はそうした教義や思想を持っているとみなされただけで処罰の対象となりました。

一九四四年二月、浅見は治安維持法違反の未決囚として、札幌刑務所大通り拘置所に身柄を移されました。しかし、今までの長く不自由な留置所生活は彼の健康を蝕んでおり、健康悪化のゆえに自宅に保釈を許されました。久しぶりに自宅に帰り、家族との再会を許されたのも束の間、裁判闘争が待っていました。

彼の裁判は、札幌地方裁判所で審理されることになり、斉藤忠雄弁護士が官選弁護人として選ばれました。彼は優秀な弁護士として知られ、日本基督教会の札幌北一条教会の小野村林蔵牧師の治安維持法違反事件の官選弁護人も務めています。優秀な弁護士であっても、キリスト教、特に無教会についてはほとんど認識がなかったようです。加えて浅見との打ち合わせの時間もほとんどなかったこともあり、公判では被告の高齢を理由に、もっぱら情状に訴える作戦を取りました。浅見は公判において、自分の信ずるところを妥協することなく主張しましたが、その結果の判決は懲役三か年の有罪でした。

この判決を聞いた浅見は、これが不当なものであり、決して黙すべきではないことを確信し、直ちに大審院に上告しました。彼は娘に付き添われ、上告のために北海道から上京しました。時は一九四四年七月であり、日本の敗色がいっそう濃くなってきたころでした。この上京の際、娘婿の金澤常雄、矢内原忠雄、黒崎幸吉等の無教会の指導者たちと会い、大きな励ましを受けました。特に矢内原は浅見を「自分の信仰の老父」と呼んで、激励と励ましを惜しみませんでした。

再び新潟へ

上京後札幌に帰る途中、彼は実に久しぶりに新潟県の郷里を訪問します。彼が立ち寄ったのは、新津の大鹿《おおじか》在住の旧友、本田作平宅でした。本田は、北海道で「シオンの丘」と言われる五ノ沢時代に浅見から信仰に導かれた人でした。彼らは久しぶりの再会を喜び、互いの信仰を分かち合っています。このとき浅見は、自分の郷里である千唐仁のすぐ近くまで来ているのに、そこを訪問した形跡はありません。彼が二十四歳まで過ごした郷里でしたが、若き日に郷里を離れた浅見にとって、地縁・血縁の絆より、信仰の絆のほうを優先したものと考えられます。筆者は本論文執筆にあたり、地元の関係者や郷土誌等にあたってみましたが、まったくと言っていいほど、浅見の足跡は地元に残っていませんでした。

浅見の大審院での公判は、三宅正《まさ》太郎《たろう》裁判長によって審理されることになりました。三宅は当時の名裁判官として知られた人で、尾崎行雄の不敬事件において裁判長を務め、無罪判決を言い渡しました。そのように、戦時下にあっても権力を批判し、言論の自由を守るために奮闘した、気骨ある司法人でした。

彼はその著『裁判の書』で次のように書いています。

「裁判の中心は裁判官その人である。裁判は裁判官その人を顯現するものであるから、よき裁判に於ては、裁判官の精神が法廷の隅々隅々にまで行き渡るべきである。……もし裁制官の氣魄に足らないところがあるか、その氣持に不純なところがあると、それは直に法廷の空氣を混濁にする。……而して、その唯一の責任者は裁判官その人なのであるから、この意味に於て、裁判官は、人を裁く前にまづ自らが裁かれるのである。」（三八、三九頁）

浅見の裁判においても、三宅裁判長はこの信念に基づき、当局におもねることなく、公平に審理を進めました。一九四五年三月、浅見の大審院公判が東京の大審院で開かれました。その直前の米軍による東京大空襲により都内の多くの建物が破壊され、大審院の建物も空襲で破壊されており、粗末な仮法廷での公判でした。北海道から、しかも七十七歳の高齢で、戦時下の上京は、文字どおり決死の覚悟の旅でした。この公判は約二時間にわたり、再臨問題を中心として尋問がなされました。浅見は、自分の信ずるところを臆することなく、率直に法廷で述べました。この公判を傍聴した矢内原は、次のように記しています。少し長いものですが、公判の様子と二人の関係がよく伝わってくるので、そのまま引用します。

「浅見翁《おう》は短身にして、頑丈な体つきであり、肩幅広く、背やや丸く前かがみであり、頭髪灰白にして後頭部禿げ、眉太く、頬ひげ半白、双頬《そうほほ》に柔和な微笑をたたへ、而も眼光けいけいとして人を射るものがある。私は公判廷に入つて、被告席に立つ翁の後姿を見ながら、その陳述を傾聴してゐると、おのづから使徒パウロの風貌を聯想した。翁は福音の為め縲絏《るいせつ》の苦痛に遇ひ、今被告としてこの法廷に立つて居る。之れは私自身の戦ふべき戦を翁が戦ひ、私自身の受けるべき苦痛を翁が受けたものではないか。翁年八十に近く、私はやうやく五十を越ゆること二、三、而《しか》も翁はこの戦ひのいたでを身に受けて、すこしも心を乱すことなく、一層福音弁明の熱心に燃えて居る。翁の屍《しかばね》を越えて、福音の為めに戦ふ者は誰か。それは私の責務ではないか。翁が十の苦痛を受けたならば、私は百の苦痛を負はう。翁が千の戦を戦うたならば、私は万の戦を戦はう。私は翁の戦を孤立化させてはならない。私は翁の死を徒死《とし》たらしめてはならない。私は戦ふ。国の為め、福音の為めに戦ふ。公判を傍聴しながら、この決意が私の心の中に潮《うしお》のやうに湧き上がつた。」（『矢内原忠雄全集　第二十五巻』九五、九六頁）

このように、矢内原は浅見の裁判闘争を自分自身の闘いと受けとめ、その跡に続くことを誓いました。戦時下において、日本のキリスト教会は英米のスパイ扱いされ、非国民として白眼視され、ホーリネス系教会に代表される弾圧を受けました。しかし、教会は大勢として組織を守るため、日本基督教団を設立することを余儀なくされました。国策協力の端的な象徴が、日本基督教団統理者の伊勢神宮参拝でした。そして戦時下で日本基督教団は、国の内外で積極的に戦争遂行の国策に協力していくのでした。

そのようななかで、浅見仙作の非戦の闘いは終始一貫したものであり、妥協のないものでした。大審院での公判においても、浅見は自分の信仰について堂々と所信を述べたのでした。三宅裁判長は、最後に浅見に対し、「貴下は余生を如何にして送ろうと望まれますか」と尋ねました。それに対し浅見は、「純福音を強調し、十字架中心の信仰の旗を北海道の真ん中に樹《た》て、棺《ひつぎ》に入りたいと志しております」と答えました。三宅は、「ご老体大切に」との言葉を添えてねぎらい、約二時間の尋問は終わりました。

それから一か月半後、大審院で判決が下されました。判決は、「原判決を破棄す。被告人は無罪」という喜ばしい結果でした。無罪判決を下した三宅裁判長はその判決文のなかで、被告人は天皇統治廃止の言説の証拠なしとし、キリスト再臨信仰について、次のように判示し、無罪を宣言しました。

「凡《オヨ》ソ人ノ信仰ハ直覚ニ依リテ絶対ノ境地ニ導入スルヲ本旨トシ、理知ヲ積ミテ到達スベキモノニアラズ。……加之《シカノミナラズ》純粋ナル信仰ハ霊ノ救ニ重キヲ置クモノナレバ、信仰者ガ再臨セル『キリスト』ニ期

待スルトコロモ専《モッパ》ラ霊的ノ活動ニ在リト謂《イ》フベク……」（『小十字架』七三頁）

すなわち、キリストの再臨の教理はあくまでも霊的な活動に属するものであり、治安維持法第七条の「国体を否定すべき事項」に該当するものではないとの司法判断を下したのでした。

この判決は、浅見の信仰の勝利であり、矢内原をはじめ彼を支援した無教会の人々の信仰の勝利でした。この判決を下した三宅裁判長は、実は法華宗の熱心な信者でした。自らが信仰に生きていたからこそ浅見の信仰に対しても十分な敬意を払い、公平な審理に努めたのでした。

一九四五年八月十五日、日本は未曾有の敗戦の日を迎えました。まさに剣を取る者は、剣によって滅びたのでした。浅見は、この日を札幌で迎えました。

そして翌年の一九四六年一月に、今まで休刊していた『純福音』をいち早く復刊しました。晩年の彼が力を注いだのは、死刑囚への伝道でした。彼は、自分自身が獄中生活を送った札幌の大通拘置所に通い、殺人犯たちに一生懸命聖書の話を語りました。その結果、自分の犯した罪の深さを自覚し、深く悔い改めて、入信する者も出てきました。

『純福音』の中に、彼がその死刑執行に立ち会った記録が載っています。失敗と思われた死刑囚の人生も、キリストを信じたがゆえに最後に成功の生涯と変わったのでした。人生の目的が神を知り、神の国に入ることであるとすれば、その人の生涯は真の意味において勝利の生涯だったと、その人生を称えています。それは、三十歳にして人生のどん底にいた浅見がキリストを信じる生涯に入り、この真理に生きることが人生の勝利であると確信してきた浅見の人生観そのものを表しています。
浅見は、一九五二（昭和二十七）年三月に、八十四年の地上の生涯を終え、天へと凱旋しました。彼の主張し、生涯かけて戦った非戦平和の思想は、内戦やテロによる殺戮や報復合戦の激しい今日的状況において、いっそう貴重なものと言えるでしょう。死を間際にして、彼の書き残した言葉を載せて締めくくります。

「軍器、戦果は前世紀の遺物として、人々の見物にされ、そうして、平和が漲《みなぎ》りわたるとともに、正義と公平は水が全地をおおうように、天下に普及して、悲しみも嘆きも、死もない、新天新地が実現される」（『キリストの証人たち〈抵抗に生きる2〉』二五九頁）

参考文献

浅見仙作『増補改訂・小十字架——戦時下一キリスト者の証言』待晨堂、一九八一年
『内村鑑三全集　一二巻、一三巻』岩波書店、一九八一年
『内村鑑三全集　三八巻、三九巻』岩波書店、一九八三年
『矢内原忠雄全集　第二五巻』岩波書店、一九六五年
『戦時下無教会主義者の証言』キリスト教夜間講座出版部、一九七三年
三宅正太郎『裁判の書』養徳社、一九四八年

田村光三『キリストの証人たち〈抵抗に生きる2〉』日本基督教団出版局、一九七四年
同志社大学人文科学研究所・キリスト教社会問題研究会『戦時下のキリスト教運動3　昭和一八—一九年』、新教出版社、一九七三年
ホーリネス・バンド弾圧史刊行会編『ホーリネス・バンドの軌跡——リバイバルとキリスト教弾圧』新教出版社、一九八三年

（初出誌は、『新潟キリスト教史研究　第八号』（新潟県キリスト教史研究会発行、一九九六年六月号）

第二部　日本の教会と福音宣教

第六章　二十一世紀における日本の教会の課題

今回はとても大きなテーマをいただきましたが、私なりの視点からご一緒に考えていきたいと思います。最初に聖書を一か所お読みします。

「あなたがたは、地の塩です。もし塩が塩けをなくしたら、何によって塩けをつけるのでしょう。もう何の役にも立たず、外に捨てられて、人々に踏みつけられるだけです。あなたがたは、世界の光です。山の上にある町は隠れる事ができません。また、あかりをつけて、それを枡の下に置く者はありません。燭台の上に置きます。そうすれば、家にいる人々全部を照らします。」（マタイ五・一三―一五）

イエス・キリストが山上の説教で語られたこの有名な聖句に、私たちキリスト者の社会におけるあり方がはっきりと語られています。では「地の塩」、「世界の光」として生きるとはどのようなことなのか、歴史を通して考えたいと思います。

1　歴史を見る視点

私は日本キリスト教史の研究を長い間してきましたが、歴史の大切さを語るとき、一冊の本を紹介することにしています。それは、『ネズミと戦争』という本です。この本は一般に市販されていないので、読まれた方はほとんどおられないと思います。どういう本かといいますと、埼玉県の高校生たちが部活の顧問の先生の指導のもとに一つの歴史的な出来事の検証に取り組み、それをまとめて一冊の本にしたものです。その高校は埼玉県の北葛飾《かつしか》郡庄和町にある県立庄和高校で、そこの地理歴史研究部の生徒たちがまとめたものです。

この地域は、戦前も戦後も実験用ネズミの飼育で全国一の実績があるところです。多くの農家が、実験用のネズミを飼育して副収入を得ていました。そのネズミを、戦前は日本の陸軍が、そして戦後の一時期は、日本を占領したＧＨＱ（連合国軍総司令部の略称で、その実態はアメリカ軍）が大量に買いつけていたのです。そして飼育したネズミを売っていた農家の人々は、いったいそれが何に使われるか知らず、また知ろうともしませんでした。

ところが最近、アメリカで公文書が公開され、このネズミとあの悪名高い日本陸軍の七三一部隊が結びつくことがわかったのです。この七三一部隊は、作家森村誠一の『悪魔の飽食』で広く知られたように、中国で捕虜の人体実験を行ったり、細菌兵器を開発・使用したりしていた陸軍の秘密部隊です。この七三一部隊が、仲買人を通してネズミを大量に買いつけていたのです。

そして戦後は、アメリカ軍のなかで細菌兵器を造っていた四〇六部隊が、解体された七三一部隊に代わってネズミを大量に買いつけていました。すなわち一般国民が、自分がまったく知らないところで、細菌兵器製造という非人道的なことに関わっていたことが明らかになってきたのです。

この高校生たちの家の多くがネズミを飼育していました。自分たちの親や親戚、すぐ近所の人々など、周りの多くの人々がこの時期にネズミを飼っていたのです。そこで高校生たちは、一生懸命地元の農家や仲買人、さらには旧七三一部隊の関係者に次々とインタビューしていきます。すると、いろいろなことがわかってきました。

七三一部隊は、炭疽菌《たんそきん》やチフス菌、ペスト菌とかいろいろな細菌兵器を開発し、中国での実戦で使用しました。特にペストは、中世のヨーロッパで黒死病として恐れられた、非常に感染力の強い伝染病です。このペスト菌は、ノミを媒介にして移りますが、このノミを飼うために大量のネズミが必要でした。ペスト菌を生物兵器にすれば、恐るべき兵器となります。このように戦前は日本の陸軍が、戦後は朝鮮戦争までアメリカ軍が、三百万匹とか四百万匹という大量のネズミを買いつけていたのです。

高校の部員たちの活動がマスコミで取り上げられると、「そんなことはやめろ!」という、右翼の脅迫が届きます。また彼らの学校の校長の妨害が入ります。いろんなところから圧力がかかってくるのです。

しかし彼らはそれにもめげないで、研究活動を続け、発表をしていきました。

この『ネズミと戦争』という本を読んで私が感動したのは、彼らが中国のハルビンに行く場面です。彼らは、そこで自分たちの研究を発表します。するとそこに一人のご老人がいて、彼らの発表を通訳を通してじっと聞いていました。その人は、ハルビンの七三一部隊の建物の近くの村に住んでいた人です。森村誠一の『悪魔の飽食』を読まれるとわかるように、敗戦直後に部隊は証拠を隠滅するため、すべての建物を爆破しました。その時にペスト菌を保有したネズミが一斉に逃げ出したのです。それによって周りの村でペストが発生し、多くの中国人が感染して死亡しました。ある村では、百五十人中四十五人が亡くなりました。そのご老人の家族も、十九人中十二人もペストに感染し、亡くなられたそうです。

ご老人は、高校生たちのその発表を聞いて、村にいないはずの大量のネズミがなぜ出て来たのかわかったのです。名乗りをあげたそのご老人に、高校生たちがネズミを育てた町の一員として、そして日本人として、「私たちの村のネズミがペストを引き起こして申し訳ありません」と心から謝罪します。するとそのご老人が、「あなたがたが悪いのではありません。悪いのは日本軍国主義です。あなたがたはもう私の友人です。また中国に来てください」と言って、彼らの謝罪を温かく受け入れます。

ここには一つの出会いがあり、非常に感動的なものです。この本の「前書き」には、こう書かれています。

「秘密主義の戦争中とはいえ、もし自分の行為に別の意味があることに気づいた時、人はどうすべきだろうか。自分のした行為の意味を追求することは、失われている自分を取り戻す作業になるはずだ。これは私たちにとって他人の出来事ではない。私たちは自分たちの歴史を掘り起こしているのである。」

これは、私たちが戦争と平和の問題を考えたり、アジアとの関わり、そして日本人の戦争責任の問題を考えたりするとき、そのまま当てはまることではないかと思っています。私がこの本を通して深く考えさせられたことは、過去の歴史をしっかり学び、評価し、反省していかないと、また同じ過ちを繰り返すということです。

日本を占領したGHQは、七三一部隊の膨大な資料を入手していました。アメリカでは到底できないような人体実験、細菌兵器開発の研究のデータをすべて入手することを条件に、石井四郎部隊長以下関係者をすべて免責しました。本来これは人道に反する罪を犯したC級戦犯にあたる行為と思われますし、ソ連や中国からは関係者の厳罰が要求されました。しかしアメリカ軍はこれらを退け、すべて免責にします。そして、四〇六部隊という細菌研究をするアメリカ軍の部隊がこれらのデータ資料をもとに研究を引き継ぎ、しかも七三一部隊の関係者を雇い入れました。戦後、アメリカ軍の購入するネズミの数はさらに増えていって、朝鮮戦争（一九五〇—五三年）でピークに達するわけです。そしてアメリカ軍は公式には決して認めていませんが、朝鮮戦争で細菌兵器を使うわけです。アメリカ軍は、北朝鮮軍と中華人民共和国の義勇軍に対して、これを使用しました。これについては、『七三一部隊の生物兵器とアメリカ』（かもがわ出版、二〇〇三年）という本に詳しく書かれていますので、関心のある方はお読みください。

アメリカはイラク戦争において、イラクが生物・化学兵器や大量破壊兵器を持っており、世界の平和と安全に重大な脅威をもたらしていることを大義名分として戦い、フセイン政権を倒しました。しかし、戦後の徹底した調査の結果、それらは出てきませんでした。それ以上に留意すべきことは、アメリカ自らが過去においてそうした非人道兵器を開発し、実戦で使用したことです。そしてそれを提供したのが日本の陸軍でした。

話はこれで終わりません。アメリカ軍に免責された旧七三一部隊の幹部たちが中心となって作った会社が、「ミドリ十字」という会社です。この会社は戦後、血液銀行として誕生し、やがて日本最大の血液製剤の会社に発展していきます。この会社の創立者が内藤良一で、七三一部隊の石井四朗部隊長の片腕と言われ、七三一部隊員が免責されるためのＧＨＱとの交渉を一手に引き受けた人物です。この会社に、かつての七三一部隊員が続々と入社しました。そしてこの会社が、人命軽視の薬害エイズ事件を引き起こしていくのです。歴史は繰り返されます。

これらのことを考えていくとき、私たちは歴史というものを表に出てくる通り一遍のものだけでなく、いろいろな問題意識を持ちながら学んでいくことも大切だと思います。そうした作業の上に、今の自分の立場を見つめ、役割を考えていく必要があると思わされます。特に日本とアジアの国々、とりわけ韓国や中国との今日的関わりを考えるとき、私たち日本の国が、そして日本の教会が何をしたのか、何をしなかったのかの両方を学びつつ、これからの歩みを考える必要があります。

私は、すべての歴史には光と影の部分があると思います。一方の部分だけではなく、その両方をしっかり見て、初めて物事が見えてくることを経験するのではないでしょうか。

2　日本でなぜキリスト教が成長しないのか

「日本でなぜキリスト教が成長しないのか」、これはよく問われることです。先日も韓国の宣教団体一行が来られたとき、私に日本の教会について講義をしてほしいとの依頼があり、お受けしました。「どういうことを知りたいのですか」とうかがうと、「日本ではなぜリバイバルが起きないのか」というテーマで話してほしいとのことでした。そこで、私なりに思うところをいろいろとお話ししました。しかし、多くの人が考えているように、決して日本にリバイバル（信仰復興）というものが起きなかったわけではありません。私の理解では、過去四回日本にリバイバルと呼んでもいい時がありました。これからそれらを簡単に紹介し、これらの考察を通して日本の宣教を考えてみたいと思います。

日本で起こった四回のリバイバル

日本のキリスト教史で、リバイバルというと、十六世紀のキリシタン時代、一八八〇年代の明治期半ば、一九三〇年代の昭和初期、そして戦後の進駐軍時代と四つが挙げられると思います。これら以外にも、特定のグループに起きたものや、局地的に起きたものなどがあるのでしょうが、日本キリスト教史でリバイバルと言えるのはこのくらいだと思います。これらのなかで、三番目のホーリネス教会のリバイバルは他のものと少し性格が異なります。

①まず一番目ですが、ご承知のように、十六世紀の中ごろ、信長や秀吉の時代にイエズス会を中心としたカトリックの宣教師が日本にやって来て、一生懸命伝道しました。宣教師たちは、「適応主義」といって、日本人の文化や生活習慣を可能な限り尊重しながら伝道し、多くの信者を獲得しました。また、ポルトガルの後押しを受けた彼らの宣教は、鉄砲等の南蛮貿易の実利とも結びついていたので、当時の支配者たちの保護や奨励を受けました。高山右近をはじめ多くのキリシタン大名も起こされ、その領民を中心に最盛期には六十万人の日本人がキリシタンになったと言われています。当時の日本の総人口が二千五百万人から三千万人とされますから、これは人口の二パーセント以上になります。今なお日本のキリスト教徒は、プロテスタント、カトリックを合わせて一パーセントの壁を越えることができていないことを考えると、これはすごい数字です。

ただしこの数字の中身は、慎重に吟味する必要があります。一人の大名がキリスト教に回心すると、その家臣や領民も一挙に洗礼を受けた例もあります。たとえば、九州の大村純忠が回心した後、大村領の家臣、領民六万人がほぼ強制的に洗礼を受けさせられ、キリシタンになっています。ですから当時の数字はだいぶ割り引く必要があるのですが、それでも一パーセントは十分越えていたはずです。

②二番目は、一八八〇年代、明治の中ごろの欧化主義の全盛時代で、いわゆる鹿鳴館時代とも言われています。日本政府は、欧米諸国との条約改正を悲願としていましたので、欧米諸国に日本が近代国家で

あることを目に見える形で証しする必要がありました。そこで上からの欧化主義政策を強力に推し進め、その一環としてキリスト教を奨励しました。外務大臣の井上馨《かおる》は宣教師を招待して、伝道上の便宜を与えることに努めました。東京帝国大学総長の加藤弘之は人々にキリスト教を推奨し、自分の家族にも教会に行くことを勧めました。福澤諭吉は従来の反キリスト教的態度を捨て、キリスト教を国教にすべしとさえ説くほどでした。

上流階級が教会にどんどん出席し、その子弟を競ってミッションスクールに入れるという時代でした。そして信徒数が一挙に三倍に増える勢いでした。当時の資料を読んでみますと、そのころのクリスチャンたちは、このままでいけば日本は近いうちに必ずキリスト教国になると、本気で考えていたほどでした。

③ そして三番目が、一九三〇年代のホーリネス教会を中心としたリバイバルです。これについては、他の三つと性格が違いますので、最後にふれたいと思います。

④ 四番目が戦後の進駐軍時代で、いわゆる「キリスト教ブーム」の時代とほぼ重なります。敗戦後日本は、一九四五年から五二年までの六年余り、進駐軍下に置かれました。GHQの最高司令官であるマッカーサー元帥は、日本を共産革命から守り、民主化するためには、日本をキリスト教化する以外に道はないとの強い信念を持っていました。彼はこうした信念のもとに、公の記者会見や新聞発表、手紙等を通して、キリスト教の伝道を強力にアピールし、支持しました。日本の指導者層もこうした進駐軍の意向を敏感に受けとめ、戦前とは一転してキリスト教の活動に好意的でした。

このような時代風潮のなかで、戦前日本人を絶対的に支配していた天皇制軍国主義が崩壊し、精神的に一種の「真空状態」の中にあった日本人にとって、キリスト教が新鮮な魅力を持つものとして映り、人々が教会や野外集会、講演会に集まって来ました。一九四七年の総選挙後は、一時的でしたが、連立内閣の総理大臣に片山哲が就きました。彼は日本基督教団富士見町教会に属するキリスト信者でした。そして同時に衆議院議長になった松岡駒吉も、ユニテリアンのクリスチャンでした。さらに東京大学の総長に南原繁、矢内原忠雄と二代続けて無教会のクリスチャンが就任しました。矢内原は、戦前その非戦思想のために大学を追放された人物です。そして極めつけは、皇室で皇后が聖書研究をしたり、昭和天皇が当時の皇太子（現・天皇）の教育のために、「立派なクリスチャン女性」の家庭教師を希望し、アメリカのクエーカー教徒であったヴァイニングが就任しました。これらのことは、今ではとても考えられないことです。

三番目のホーリネス教会を除く三回とも、日本の歴史のなかで、かつてない外向きの開放的な時代でした。そうした時代に、欧米の技術や文化とともに、キリスト教が勢いよく日本に入ってきました。しかし信仰としてよりも、文化として日本に入ってきたと考えられます。そしてそうしたブームの後に、激しい反動の時代があったことが、三回ともに共通しています。キリシタン時代の後は、徳川幕府による徹底した迫害と禁教に伴う鎖国政策が二百年以上続きました。二回目のリバイバルの後は、その反動として国家主義が強まり、天皇神格化を宣言した明治憲法の発布、教育勅語の渙発、それに伴う内村鑑三の不敬事件が起きています。そして進駐軍時代においては、その終わりごろから戦前への逆コース現象が起き、キリスト教ブームは潮が引くように終息していきました。考えてみれば、これらのリバイバル現象は、日本の教会の祈りと伝道の実として主から与えられたというより、多分に外発的なものでしたから、歴史の風向きが変われば、静まり、引いてしまったのです。

唯一の例外が、三番目のホーリネス教会を中心とする昭和初期のリバイバルです。一九三〇（昭和五）年、ホーリネス教会の神学校の寮の祈り会から始まった再臨待望のリバイバルは、ホーリネス教会の枠を越え、当時の純福音派の諸教会に広がっていきました。キリストの再臨を待望する霊的熱気は、一九三三年（昭和八）年にその頂点に達します。このリバイバルを通して、ホーリネス教会は教会数が百六十教会から四百三十教会へ、信徒数は八千四百人から二倍以上の一万九千名余りに急成長しました。しかし残念ながら、その絶頂のなかで、群れの中田重治監督の再臨信仰における脱線があり、群れは分裂し、その後ホーリネス系教会は厳しい弾圧の中を通らされました。こちらのほうは、ほかの三つのリバイバルと違って、教会の内発的なものから生まれたということができます。

このように日本の宣教の歴史を見てくると、リバイバルがなかったわけではありません。そしてあえて四つの共通項を探るならば、時代が大きく変化しているとき、そして人々の価値観が揺れ動いているときに、人々の心がキリスト教に向きやすいと言えるように思います。こう考えると、今の時代はどうでしょうか。大きな自然災害が頻発し、テロや民族対立が絶えず、先の見えにくい不安のなかで、確かな価値観が大きく揺らいでいる時代ですから、キリスト教の出番は大いにあると思います。

ただ私は、世の終末や再臨が近づいていることをことさらに強調し、ひたすらリバイバルを求めていくという立場ではありません。今までの日本で起きたいわゆるリバイバルを見ると、祈りとみ言葉の説き明かしによる伝道というよりも、多分に人頼み、時代頼みです。ですから風向きが変わると、すぐに流されます。ホーリネス教会に至っては、リバイバルが分裂をもたらしています。確かにリバイバルは主からくるものですが、それは何か一攫千金《いっかくせんきん》というか、魔法のような変化を待ち望むというものではないと思います。主人の帰りを待つしもべとして、それぞれが置かれたところで、祈りとみ言葉の宣教に日々忠実に取り組んでいくなかで、真の日本のリバイバルは起きてくると信じます。

3　日本のクリスチャンの構成の特色について

次に、日本のクリスチャンの構成の特色について考えてみたいと思います。

よく言われることは、日本のプロテスタント教会は都市型で、ホワイトカラー中心、インテリ層中心であるということです。私もその指摘は間違いではないと思います。このことは、他のアジアの国々のキリスト教と比べてみると、いっそうよくわかる特色です。たとえば韓国の場合は、キリスト教は最初から一般大衆に入っていきました。韓国の宣教は、アメリカの長老教会やメソジスト教会の影響を強く受けているのですが、最初から宣教団体が地区割をして宣教を進めたことが挙げられます。それから、「ネヴィアス方式」と呼ばれるものを採用したということもよく言われています。これは、いくつかのポイントがあります。

この方式の中心点は、上流階級よりは一般大衆、勤労階級を主な対象にして伝道すべきであるというものです。それから婦女子に対する伝道が非常に大事であり、家庭の主婦が後代の教育や信仰継承に重要な影響を与えるとされました。ですから、梨花《イファ》女子大など女性のためのミッションスクールが、韓国では非常に大きな社会的影響力を及ぼしてきました。そのように、はじめから一般大衆に焦点を合わせた伝道を徹底して行っていったわけです。そして、韓国の教会は日本の植民地支配が厳しくなっていくなかで、国民と運命をともにする教会となっていったことが大きな特色です。

ところが日本では、最初プロテスタント信仰を告白した人々は、多くの人々が士族出身者でした。特に献身して教職者になった人々は、圧倒的に士族出身者です。しかも明治維新で幕府方につき、新政府のもとでは立身出世の見込みがなかった士族が目立ちます。士族は、当時の知識階級です。アメリカ人の宣教師が禁教下の日本にやって来て、英語を教え、英米文化や技術を伝えました。文明開化の時代に、そうしたものを求めて集まった向学心あふれる青年士族たちがそこで信仰を持ち、初期の教会リーダーとなっていったのです。これは良い面もあり、マイナス面もあったと思います。アメリカの宣教師たちは西洋文明を媒介として伝道したわけですから、士族などこれらを求める人々にとっては非常に効果的な伝道であったと思います。

初期のころ、教会や伝道所は「講義所」という看板をよく掲げていました。そういう点で、日本のクリスチャンは学ぶことに熱心でした。今でも、英語や、子育て、カウンセリングなどの学びを通して教会に結びつく人々がいます。そして明治期や大正期にされた全国的な協力伝道は、大都市で有名な講師を立てて行われ、大きな成果を収めています。ですからこうした大都市中心、ホワイトカラー、学生中心の傾向はいっそう進み、今日にいたっています。

しかし、このことは両刃の剣で、多くの一般の日本人にキリスト教は西洋の宗教、インテリの宗教で、一般庶民には敷居の高い、ハイカラな宗教として敬遠され、いまだに一パーセントの壁を越えられない大きな理由の一つとなっていると思います。

そして、キリスト教が知識層中心であることの問題点が戦時下で特に問われたと思います。有名なジャーナリストの長谷川如是閑《にょぜかん》という人が、日本の知識人の性格的な弱点をこう書いています。

「いかにも日本の知識人は、知力においてはともかく、意力においては甚だ強いとはいわれない。物を知ってい、理屈もいうが、実践的な意志の力はむしろ弱い。……世の中が彼らの考えるところや、希うところとは反対の方向をとり出した時に、それに対して、知識人としての反撥力が足りない。……それは知恵や才能が足りないゆえではなく、意力が欠けているゆえである。……軍部や官僚のギルド的勢力が、日本をとんでもない方向に引張っていくことを、心から憎み、嫌いながら、そうして、その心を口に出して言いもしながら、ただそれだけに終始して、しかもその内的反発を、何よりも有力な抵抗としてひそかに誇っているといったような独善的満足に甘んじているようすさえも見られたのである。いかにも臆病のようだが、実は臆病よりももっと深い、性格的な弱点がそうさせたのである。」（『長谷川如是閑選集〈第3巻〉』二九八、二九九頁）

私はこの文章を読んだとき、まさに私自身に、そして日本の多くのクリスチャンに向けられているような気がしました。日本の教会は、知的水準はとても高いと思います。ドイツをはじめ、欧米の高度な神学書がいち早く翻訳・出版されます。戦前カルヴァンの『キリスト教綱要』の完訳本を持っていたのは、アジアでは日本の教会だけでした。カール・バルトの著作も日本語に訳され、弁証法神学も日本で紹介されていました。しかし、その日本の教会が、戦前・戦時下では、国策に妥協して日本基督教団を結成し、その代表者である富田統理は伊勢神宮に参拝し、新教団の発足を神前に報告し、その発展を祈願したのです。そして国の内外において、侵略戦争に協力していったのです。

私の研究によれば、戦時中の日本の教会、特に指導的なクリスチャンは、天皇制と結びついた軍国主義に対し、抵抗らしい抵抗はしませんでした。特に主流派と言うべき人々は、抵抗よりは、組織を守るためとして、積極的に国策に協力しました。日本のクリスチャンのなかで闘ったのは、浅見仙作をはじめとする無教会の人々くらいでしょうか。確かにホーリネス系教会の人々は、その再臨信仰のゆえに、激しい弾圧を受け、逮捕・起訴され、獄死者を出しました。しかしそれは、天皇制や侵略戦争に反対し、抵抗したからではなく、他のキリスト教会への見せしめ的な、多分に政策的なもので官憲から弾圧され、それを受けて闘ったと言うことができるでしょう。

この時から、七十年以上が経ちました。小泉政権から現在の安倍政権に至るまで、日本がアメリカとの軍事協力の強化により、有事や戦争に巻き込まれる危険は非常に高くなってきました。憲法九条を中心とする、憲法改正の動きがかつてなく強くなってきています。私は再び戦時下のあのような時代の嵐が来たときに、はたして今の私たちがそれを乗り越えていける神学と信仰を持っているだろうかと、ときどき思わされます。日本の知識人のひ弱さを指摘する長谷川如是閑の言葉に対し、かつてはそうだったとしても、今は「否」と言えるだけのものをしっかり持っていきたいと思います。

しかし一方で、こうした日本の教会の体質はマイナスだけではないと思います。積極的な面にも、目を向けていきたいと思います。繰り返しますが、日本の教会は知的なものに非常に受容的であり、よく学ぶ教会です。そういう点で、日本の教会は世界宣教の分野で、神学教育や聖書翻訳、技術指導の分野で大きな貢献ができているし、これからもできると思います。そして日本の宣教において、ミッションスクールの果たしてきた役割も見落とすことができないでしょう。日本においては、ある統計によると、幼稚園から大学まで、そして専門学校を含めると、日本人の約一割の人々がキリスト教に関わりを持つとされます。このことはキリスト教宣教の種まきとして、またその裾野を広げるという意味で大きな貢献をしていると思います。

4　現在の日本の教会の状況と課題

次に、現在の日本の教会の現状と課題について考えたいと思います。まず、クリスチャン人口はどうでしょうか。これは毎年発行されている『キリスト教年鑑』（キリスト新聞社）によると、一九四八年に約三十三万人のクリスチャンが日本にいました。これはプロテスタント、カトリック、東方正教会すべてを含めた数字で、当時の日本の人口の〇・四二三パーセントにあたります。そして十年ごとに見ていくと、だんだん増えてきています。二〇〇八年の統計では百十三万八千六百三十一人で、〇・八九一パーセントです。しかし、このころをピークに徐々に減り始め、二〇一五年では百二万五千八百十八人で総人口の〇・八〇七パーセントです。もちろん教会の側も伝道に努めていますし、神様はいろいろな形の伝道を用いてくださっています。

ただし、日本においては卒業信者というか、中退信者というか、洗礼を受けてもさまざまな事情でドロップアウトしてしまう信者が多いということが大きな課題です。たとえば作家を調べてみると、明治・大正・昭和期で、洗礼を受けた作家は六十二人もいます。特に明治期に集中しています。ところが、かなり多くの作家が若い日に洗礼を受けながら、信仰から離れてしまうわけです。それどころか、むしろ信仰から離れていく過程で、作家としての自己を確立していく人々が多いわけです。有島武郎、国木田独歩、徳冨蘆花《ろか》、島崎藤村、正宗《まさむね》白鳥、いろいろな人たちがキリスト教に触れながら離れてしまう。これが大きな課題だと思います。

今私たちが使っている千円札の肖像は、野口英世です。彼が若き日に郷里の会津若松の教会で洗礼を受けたことをご存じでしょうか。ノーベル医学賞候補にも挙げられた彼の業績が、キリスト教信仰に基づいているとすれば、実に素晴らしい証しになります。しかし、彼の伝記を読むと、彼の生涯のなかでクリスチャンとしての歩みはまったくと言っていいほど見られません。ある出版社の、近代日本の著名人の百巻のシリーズを見ると、その一割近くがクリスチャンであったり、求道をしたことがある人々です。これは素晴らしいことで、教会として誇ってもいいことです。しかし、全体として見ると、クリスチャン人口は〇・九パーセント以下と、大きな乖離《かいり》があります。これが日本宣教の大きな課題です。

このことは、入信までの信仰の教育と入信後の信仰生活の指導や弟子教育というものが、非常に大切であることを教えています。ヘブル人への手紙一二章二節では、「信仰の創始者であり、完成者であるイエスから目を離さないでいなさい」と勧められています。私たちは、どうしてもイエス・キリストよりも、周りの人や状況を見て、信仰を左右させられやすいものです。毎週の礼拝説教や日々のデボーションを通して、信仰とは天国まで生涯貫くものであることをしっかりと身につけたいものです。そして、その信仰を次の世代にバトンタッチしていきましょう。

5　国際化時代の私たちの課題について

今日私たちは、かつてないグローバル時代に生きています。手軽に海外に行き、異文化体験ができます。そうしたなかで、どの教会もそうですが、地方にある教会も、アジアをはじめとする世界宣教に、何らかの形で参加していくときに、主から託された宣教の教会としての使命を果たしていけるのではないかと思います。教会がその活動のエネルギーを内向きにしてしまうとき、信仰の活力も失ってしまうことになります。

私が長年奉仕をしている新潟聖書学院は、地方にある小さな聖書学院です。創立以来、ずっと北陸地方を中心とする地方伝道に貢献することを大きな旗印としてきました。近年入学する学生数が減少していく厳しい状況のなかで、改めて主は私たちの学校に何を期待しておられるのだろうかと、祈り、考えました。

現在日本には八十前後の神学校、聖書学校、大学の神学部があります。しかし、そのなかで日本海側にある神学校は、私たちの学校だけです。そうしたなかで、従来の地方伝道への貢献というビジョンに加え、「日本海の対岸諸国への宣教」というビジョンを新たに加えました。そして校名を「柏崎聖書学院」というローカルな名前から、もう少し広い「新潟聖書学院」に変更し、組織も拡大しました。そして最初に韓国への研修旅行をし、大きな刺激を受けました。特に日本の植民地時代の記念館や殉教碑を通して、日本の教会の戦争責任を考えさせられました。次にロシアで伝道しているアンテオケ宣教会の高山宣教師を通して、ハバロフスクにある極東ロシア聖書大学や地元の諸教会との交流が始まりました。私がロシアの神学校で講義をしたり、学院の学生とともに伝道実習をしました。ソ連邦崩壊後の、ロシアの宣教事情に触れる貴重な機会を与えられました。その後、ロシアでの宣教の門戸が閉ざされたためストップしていますが、今でも韓国教会や神学校との交流は続いており、大きな祝福とチャレンジをいただいています。

大都会だけではなく、その地域の教会ごとに神様が与えてくださっている使命、それを世界宣教、とりわけアジアの教会との関わりにおいて、受けとめ、踏み出していくときに大きな祝福をいただけるのではないでしょうか。

日本とアメリカの教会との関わり

次に、アメリカの教会との関わりをここで考えようと思います。二〇〇一年のアメリカ同時多発テロ事件後、アメリカはアフガン戦争、イラク戦争と積極的に対テロ戦争に力を注いでいます。そしてアメリカの福音派は、ブッシュ政権をはじめ歴代の共和党政権の政策を積極的に支持しています。私は、それに対しては慎重に考えるべきだと思います。

私たち日本のプロテスタント教会は、アメリカの教会より最初から今日まで多くのものを受けてきました。しかし、アメリカという国家の歩みを考えるとき、一貫して感じるものは、自分たちが世界を取り仕切り、リードしていくのだという強烈な使命感です。十九世紀のアメリカでベストセラーになった本で、『我が祖国』（*Our Country*）があります。これは、あの有名なストウ夫人の『アンクル・トムの小屋』以来の一大ベストセラーになりました。これを書いたのは、ジョサイア・ストロングという会衆派の牧師であり、キリスト教社会運動の指導者です。彼はこのように書いています。

「神は我々、アングロサクソン民族を大陸に送り込んで、世界伝道のために訓練を行った。このすぐれた民が膨張し、繁栄するのは神の約束である。いまやアメリカ大陸に向けられた明白な宿命（マニフェスト・デスティニー）は、世界に対する宿命となった。それが摂理の信仰であり、進化の論理である。アメリカが進むがごとく、世界も進むのである。」

こうした使命感と世界戦略のもとに、アメリカは十九世紀末にスペインと戦ってフィリピンを領有するわけです。スペインのような封建国家からフィリピンを解放し、フィリピン人を教育し、文明化し、キリスト教化（プロテスタント化）することが自分たちの使命であり、そのためには武力戦争も許されるという論理です。

このようにアメリカは建国以来今日まで、一貫して「自由と民主主義」を世界に発信し、確立していく、それが自分たちに与えられた使命で、自分たちはそのために選ばれた民であるという、強い自負があると思います。そのために政治的圧力、次に経済制裁、それもだめなら武力行使も許されるし、それは正義の戦いである、そのような考えがあります。そして、その敵があるときはスペインであり、あるときはファシズム国家であり、共産主義国家であり、圧政国家であり、最近ではテロリストなのです。

しかし、私はこうしたあり方は、聖書の教える平和主義と相容れないものだと考えます。私たちは、世界に誇るべき平和憲法を持っています。日本の教会は、非戦平和の旗をこれからも高く掲げつつ、アメリカの教会に発言するべきであると思います。

最後に

最後に、一つの出来事を紹介して終わりたいと思います。この本はいのちのことば社フォレストブックスの一冊で、『闇に輝くともしびを継いで』というもので、著者はスティーブン・メティカフというイギリス人の引退宣教師です。この本は、戦前に中国大陸で生まれ、長年日本で伝道した彼の生き生きとした証しが記されています。

メティカフは中国で宣教師の子どもとして生まれ、十四歳のときに日中戦争下で敵性国民として日本軍の収容所に入れられます。彼によると、「親と別れ、気がつくと日本軍の敵性国民となり、学校の先生や友達とともに民間人の捕虜として日本軍の収容所に捕らわれてしまった。飢え、友達の死、中国人に対する見るに耐えない暴力、それらのことのために、私は日本人を深く憎んだ」とあります。しかし収容所のなかで、一つの出会いがありました。「心の師、先生が私に教えてくれたあることのために、その時から私は日本人のために祈るようになった。そして日本を愛し、日本に宣教師として来るようになった。」

それは、エリック・リデルという一宣教師との出会いでした。皆さんも、『炎のランナー』という映画をご覧になったことがあると思います。この『炎のランナー』は実話に基づいており、その主人公がエリック・リデルです。彼もメティカフと同じく、宣教師の子どもとして中国で生まれました。その後母国のイギリスに戻り、エジンバラ大学の学生時代、ラグビーの選手として有名になりました。

彼はさらに短距離選手として頭角を現し、一九二四年のパリ・オリンピックには、イギリス代表として百メートル走にエントリーされます。『炎のランナー』の映画では、レースの直前になって百メートル走が日曜日にあると知って、神に礼拝する日に走ることはできないとキャンセルして、友だちが急遽譲《きゅうきょ》った四百メートル走で金メダルを取ったことになっています。実際には数か月前にわかっていたようです。しかし映画と同じように、彼は日曜日に競技をすることはできないと試合をキャンセルして、四百メートル走に切り替えて金メダルを獲得しました。彼の記録はその後、二十年間破られませんでした。

このようにエリック・リデルは、陸上競技のゴールドメダリストとして、そしてラグビーの選手として将来を嘱望されるのですが、すべてを捨てて、翌年中国に宣教師として渡ります。そして教育宣教師として大学で教えていたのですが、日中戦争が激しくなり、身の危険を感じるようになって、自分の妻と子どもたちを妻の母国であるカナダに帰国させます。彼自身は中国にとどまって伝道を続けるのですが、捕らえられ、日本軍が設営した収容所に入れられます。そしてそこにおいても、キリストを思わせる愛の証しと謙遜な人柄のゆえに、周りの人々すべてから尊敬され、慕われました。

そんな時に、メティカフ少年がリデルと出会うわけです。メティカフは日本軍を憎み、受け入れることができませんでした。ですから、収容所内の聖書研究で、マタイの福音書の「自分の敵を愛し、迫害する者のために祈りなさい」（五・四四）の箇所を読んだとき、「とてもそんなことはできない、日本兵を愛することは僕にはできない」とリデルに訴えます。するとリデルは、「自分も最初はそう思った。しかし、イエス様は迫害する者のために祈れと教えてくれた。僕たちは愛する者のためには頼まれなくても時間を費やして祈る。しかしイエスは愛せない者のために祈れと言われたのだ。人を憎むとき、君たちは自分中心の人間になる。でも祈るとき、君たちは神中心の人間になる。神が愛する人を憎むことはできない。祈りは君たちの姿勢を変えるのだ」と答えます。この言葉が、メティカフの心にしっかりと刻まれます。

それから三週間後に、リデルは脳腫瘍が悪化して召されます。日本の降伏とそれに伴う解放を目前にして、彼は四十三歳の若さで捕虜収容所で召されました。十四歳のメティカフは他の人とともに棺を担ぎながら暗い墓地に行き、その途中でこう考え、祈りました。

「これが中国にいのちをささげた男の迎える結末なのか。妻にも子どもにも死んだと知らせることができないなんて。ゴールドメダリストであり、聖人のような人物だったのに。でもいつかきっと神様がエリックに栄誉を与えてくださるに違いない。神様、もし僕が生きてこの収容所を出られる日が来たら、きっと宣教師になって日本へ行きます。」

この十四歳の少年の祈りを神様は、見事に聞いてくださいました。それから四十年ほど経って、エリック・リデルの人生が『炎のランナー』という映画となって、一九八一年のアカデミー賞の受賞作品となり、世界中の人々に感動をもたらし、神の栄光を表します。そしてメティカフは十一年後に宣教師として来日し、青森をはじめ、日本の各地域で忠実な奉仕をし、その後帰国しても天に召されるまで日本人のことを愛し、奉仕し続けました。

二十世紀は、戦争の世紀でした。人々の間にある憎しみ、怒り、差別が戦争の大きな原因の一つです。戦争や大きな歴史の出来事のなかで、私たち一人ひとりの存在は本当に小さなものだと思います。教会も、国家権力の前では小さな存在かもしれません。けれどもこの出来事のように、神のみ言葉を信じてそのまま祈るときに、神は歴史の中に介入してくださると思います。人を変え、歴史を変えてくださいます。この本の題は、『闇に輝くともしびを継いで』です。「闇」の中に「輝くともしび」とあります。この闇とは、個人と個人、民族と民族の間の憎しみや差別などの、罪の闇です。そのなかで輝くイエス・キリストの赦しと和解の福音が「輝くともしび」です。そのともしびを、リデルはメティカフ少年にしっかりとつなげました。

二〇〇〇年に沖縄で開かれた第四回日本伝道会議のテーマは「和解の福音」でした。私たちも自分たちが受けたこのともしび、和解の福音を二十一世紀を担っていく若い方々にしっかりとバトンタッチしていきたいと思います。それまで、それぞれ置かれたところで忠実に主に仕えていきたいと思います。

参考文献

庄和高校地歴部編『ネズミと戦争』一九九五年
ピーター・ウィリアムズ、デヴィド・ウォーレス、扶甬子訳『七三一部隊の生物兵器とアメリカ——バイオテロの系譜』かもがわ出版、二〇〇三年
松下一成『ミドリ十字と731部隊——薬害エイズはなぜ起きたのか』三一書房、一九九六年
中村敏『日本キリスト教宣教史——ザビエル以前から今日まで』いのちのことば社、二〇〇九年
中村敏『世界宣教の歴史——エルサレムから地の果てまで』いのちのことば社、二〇〇六年
曾根暁彦『アメリカ教会史』日本基督教団出版局、一九七四年
スティーブン・メティカフ『闇に輝くともしびを継いで』いのちのことば社、二〇〇五年
森村誠一『悪魔の飽食』光文社、一九八三年
長谷川如是閑『長谷川如是閑選集〈第3巻〉』栗田出版会、一九七〇年

（二〇〇五年六月六日の日本福音同盟の総会での講演に加筆、修正）

第七章　揺れ動く時代における宣教の展望

「あなたがたは、世にあっては患難があります。しかし、勇敢でありなさい。わたしはすでに世に勝ったのです。」（ヨハネ一六・三三）

このみ言葉は、十字架の死を目前にして、最後の晩餐でイエス様が弟子たちに語られた訣別説教の最後の言葉です。この後、彼らの主であり師であるイエス・キリストは捕らえられ、十字架の死を遂げます。そのとき弟子たちは、散り散りばらばらに逃げ去ります。しかし主は死に打ち勝ち、悪魔に勝利されました。復活の主にお会いし、約束の聖霊を受けた弟子たちは、このみ言葉のとおり、絶えず迫害や内部の誘惑、分裂と戦いながら、神の国を建て上げていきます。歴史の中から学ぶことは、危機のときこそ自分たちの足もとをしっかり見つめ直し、前進するチャンスであるということです。そしてみ言葉こそ、どんなときにも私たちの揺るがない希望です。

歴史の一例を見ると、韓国教会のリバイバル（信仰復興）は、一九〇七年に韓国が植民地化へと向かう国の苦難と危機のなかで始まりました。日露戦争後、日本の勢力が拡大し、軍隊は解散させられ、外交権と警察権の剝奪により、挫折感と絶望感は韓国全国民を覆いました。そうした国家の悲運のなかで、キリスト者たちは、内省を集中し、神の救いによるほかは頼るところがないという信仰に達し、そこからリバイバルの波が流れていきます。一九〇七年に始まったこのリバイバルが、早天祈禱などの現在にまで至る韓国教会の霊的骨格を作ったとされます。

では、今私たちはどのような危機の時代に生きているのでしょうか。

1　現在の私たちが直面する危機

二〇〇九年九月、札幌市で第五回日本伝道会議が開催されました。この時のテーマは、「危機の時代の宣教協力――もっと広く、もっと深く」でした。そしてこの会議の結果、「札幌宣言――二十一世紀における教会のチャレンジ」が採択されました。この札幌宣言では、三つのレベルにおける「危機」が取り上げられました。

これから、札幌宣言で指摘された三つの危機について考察しますが、私はこの時よりも多くの点で、今のほうが危機が進行し、拡大していると思います。

世界における危機

二〇〇一年九月十一日に起きたアメリカ同時多発テロ以降今日まで、報復と憎悪の連鎖が続き、拡大する一方です。アメリカは同時多発テロへの報復攻撃として、アフガン戦争、続いてイラク戦争を戦いました。しかし今なお、両国の治安や政権は安定せず、混乱が続いています。そして、今日のイスラム過激派ISによるテロとそれに対する有志連合国の攻撃の連鎖が繰り返され、シリアをはじめとする難民の増加に伴う社会不安がヨーロッパを中心に広がっています。

そのようななかで進行しているアメリカの大統領選挙の予備選において、不法移民の流入を防ぐために国境に壁を建設したりして、イスラム教徒の排除を声高に叫ぶ大統領候補が多くの支持を集めていることは実に憂慮すべきことです。またヨーロッパでは、難民・移民の排除をスローガンに掲げる過激な民族政党や極右政党が台頭してきています。

世界経済に目を転じると、二〇〇八年のリーマン・ショック後の世界の金融危機は、今日も続いています。世界経済を牽引してきた中国などの新興国経済が減速し、回復の兆しは見えません。

そして、地球温暖化などの環境破壊はどんどん深刻化しています。札幌宣言は次のように指摘しました。

「地球環境が人類に与えた影響は、すでに修復不可能と思えるほどです。一般に環境問題の原因は、利潤追求、人口増加、そして覇権争いとされます。しかし環境問題の真の原因は人のむさぼりの罪です。」

二十一世紀に入り、巨大地震、洪水などの自然災害が頻発しています。二〇一一年三月十一日の東日本大震災と東京電力福島第一原発事故は天災であると同時に、まぎれもない未曾有の人災でした。福島第一原発事故は、一九八六年のチェルノブイリ事故を上回る甚大な原発事故であり、その被害や後遺症はいまだに深刻で、五年経った今も復興はなお途上です。

日本の社会における危機

現在の日本の社会における大きな問題は、一番の土台となるべき家庭の崩壊です。子どもは親から「あなたは、かけがえのない存在なんだ」と無条件で愛され、受け入れられていくとき、健全なセルフイメージを持ち、他者との安定した人間関係を築いていくことができます。そして次に、学校や社会で「あなたは必要な存在だ」と認められるときに、自信を持ち、自分の居場所を見つけ、自分の役割を果たしていきます。

しかし今、夫婦の間でドメスティック・バイオレンスが横行し、子どもに対する肉体的・精神的虐待が急増しています。愛されるべき親から愛されずに、存在を否定された子どもたちは、親や社会を恨み、その仕返しとしての事件があふれています。学校におけるいじめの問題も、こうした家庭の崩壊と結びついているといえます。

自分の居場所や存在意義を見いだせなかった人々が引きこもり、今その数は年々増え、かつ高齢化しています。また自分の怒りや欲望をコントロールできない人々が増え、薬物の乱用や無差別な殺傷事件を引き起こしています。

私はこうした社会問題の根底に、家庭の崩壊があると思います。ですから家庭の再建が急務であり、教会やクリスチャンホームの役割が大切です。

教会における危機

①　礼拝や祈禱会の出席者の減少

現在日本のプロテスタント信者の総数は六十一万人とされますが、実際に礼拝に出席する信者数は約三十万人から十八万人に減少しているとされます。信仰の個人主義化が進み、さまざまな社会事情も重なって、クリスチャンであっても日曜日に教会に行かない信者が増えてきています。

祈禱会の出席者も減少し、平日の夜はもう集会を維持できなくなり、午前中の婦人対象の聖書研究会が多くなっています。

②　受洗者の減少

特に、日本基督教団など伝統的教派に顕著であるとされますが、福音派もそうした傾向が見られます。

③ 少子高齢化に伴う青少年の減少と教職・信徒の高齢化

日本における少子高齢化の波は激しく進行しており、その波は教会にも押し寄せています。一部の教会を除いて、教会学校の生徒は減少し、教会学校そのものを実施していない教会が増えてきています。

それまで教職者、信徒リーダーとして教会の諸活動を支えたきた団塊の世代が高齢化に伴い、一線から退きつつあります。後継者がしっかり育っているでしょうか。

④ 献身者の減少・牧師の引退等による無牧・兼牧教会の増加

今まで述べてきたことの結果として、献身して神学校に入学する人々が減少しています。大都市圏の超教派の神学校はそれなりの学生数を維持していますが、特に伝統的教派の神学校や大学神学部、教団立の神学校、地方の神学校の入学者が減少し、休校、閉校に至っている学校も出てきています。

⑤ 教職者・信徒リーダーのセクハラ・パワハラ問題、モラルの低下

かつて日本でクリスチャンは、そのモラルの高さで周りの尊敬を集め、社会のさまざまな分野で「地の塩」、「世界の光」としての役割を果たしてきました。

しかし残念なことに、最近教職者、指導的信徒の中からパワハラ問題、セクハラ問題などのスキャンダルが続発しています。

日本全体の教会を見ると、こうした傾向の結果として、教会の霊的・宣教的パワーが低下し、教会のエネルギーが外への宣教よりも、内側に向き、守り志向になりがちです。またお互いをさばきがちになります。

こうした危機のなかで、私たちはどうしたらいいのでしょうか。どこに希望があるのかを考えてみます。これから私が申し上げるのは、即効薬のようなものではなく、きわめて基本的なことです。

2　教会のこれからの課題や展望

信仰を喜びつつ、天国に至るまで保つ

「信仰の創始者であり、完成者であるイエスから目を離さないでいなさい。イエスは、ご自分の前に置かれた喜びのゆえに、はずかしめをものともせずに十字架を忍び、神の御座の右に着座されました。」（ヘブル一二・二）

先にふれたように、結婚・就職などさまざまな理由からせっかく持った信仰を捨ててしまう信仰者が日本では少なくありません。日本人は周りに左右されやすい精神構造があります。クリスチャンは日本の社会では絶対的少数者です。ですから、人や周りの状況よりもイエス・キリストをしっかりと見つめ続け、模範とし続けて歩む信仰の教育が受洗前に重要になってきます。そして受洗後のクリスチャン生活の指導と教育も大切です。

キリスト教の歴史において、多くの素晴らしい信仰の先輩がいます。私はよく自分の信仰の目標やモデルを探し求め、その人々を目標にするようにと勧めています。たとえば、キリシタン大名の高山右近や韓

国の朱基徹牧師の生涯を見ると、どんな状況でも主に従っていく生き方を教えられます。

信仰を次世代に継承する

日本では、信仰の継承が途中で途切れてしまい、四代目、五代目、六代目のクリスチャンが非常に少ないのが現実です。自分の信仰を天国まで守り抜くとともに、その信仰を次の世代にしっかりと継承することが日本宣教の鍵です。

そのためには、クリスチャンホームの形成とその役割はきわめて大きなものがあります。家庭は、「人生のベースキャンプ」とも言うべきものです。人は愛され、力をいただいて、外に出て行きます。活動や人間関係で疲れて帰って来ても、また家庭で癒され、力を与えられます。そしてまた外に出て行って、アタックすることができます。そうしたベースキャンプのようなものが家庭です。韓国発の「父の学校」、「母の学校」やさまざまな団体、教会でなされる夫婦セミナーなど家庭回復のためのプログラムに参加し、崩れた家庭を再建するうえで、教会の役割はとても大切です。

あるアンケートによると、日本の子どもたちが同世代の外国の子どもたちと比べるとセルフイメージや自尊感情が際立って低いことに衝撃を受けます。まず親が神様からの愛をいただき、子どもを無条件で愛し、受け入れるとき、子どもは生きる自信を与えられ、自分の人生の指針を得ることができます。クリスチャンホームの建設と再建こそ、教会の再建、社会の再建の土台です。

私自身の結婚生活についての試行錯誤と失敗、そして主の憐れみによるその後の祝福については、拙著

『著名人キリスト者の結婚生活』（ファミリー・フォーラム・ジャパン）の巻末に記しておきましたので、ご参照いただければ幸いです。

最近のわが家の大きな出来事は、親の愛を知らないで施設で育ってきた子どもを引き取って、家族の一員として受け入れたことです。今、日本では、望まれない出産、親の育児放棄や虐待などの理由で乳児院や児童養護施設で暮らすことを余儀なくされている子どもたちが五万人近く存在し、さらに増えている傾向にあります。私たちの家庭において、これからいろいろと大変なことも出てくるかもしれませんが、神様の愛をいただいて育てていきたいと思います。

福音を日本人に受容しやすいように発信する

使徒パウロは、「ユダヤ人には、ユダヤ人のようになりました。それはユダヤ人を獲得するためです。……律法を持たない人々に対しては……律法を持たない者のようになりました。それは律法を持たない人々を獲得するためです」（Ⅰコリント九・二〇、二一）と語りました。

従来の宣教方策は、欧米発の宣教方策が主で、日本の宗教、文化、習慣に対決姿勢が多かったと思います。そのためにせっかくの伝道にもかかわらず、十分な実を結んでこなかったのではないでしょうか。日本キリスト教思想史の専門家である武田清子氏は、その著『土着と背教』のなかで、日本のキリスト者が日本の社会のなかでは、多くの場合「孤立の純粋」を貫いてきたのではないかと指摘しています。

日本の多くの福音派の教団教派は、戦後来日した欧米、特にアメリカの宣教団によって設立されました。

彼らは熱心に伝道しましたが、体質としてアメリカの根本主義に立つ分離主義的傾向を持っていたと思います。概して彼らは、日本の冠婚葬祭や通過儀礼、地域の伝統行事はすべて古来日本の偶像礼拝に結びついているとして、対決姿勢で伝道し、日本人信者を指導したと思います。

旧約聖書のサムエル記第一、一七章において、羊飼いの少年ダビデがペリシテ人の巨人ゴリヤテと戦う際、サウル王は彼に自分のよろいとかぶとを与えました。ダビデはそれを着てみましたが、それは彼に大きすぎて合いませんでした。結局、それを脱ぎ、自分の使い慣れた石投げ器で巨人ゴリヤテを倒したのでした。日本の教会やクリスチャンは、ともすれば欧米プロテスタント教会の神学や伝道方策、またその背景にある文化や思考様式という、自分の身の丈を越える借り物のよろいとかぶとを身にまとって必死で戦ってきて苦戦しているのではないでしょうか。

その点において、私たちが参考にしたいのは、十六―十七世紀のイエズス会の日本宣教です。彼らは日本の宣教において、「適応主義政策」と呼ばれる宣教方策を採用しました。これは、可能な限り日本の文化、習慣に適応しつつ、キリスト教を宣教していくものです。もちろん当時の政治事情もありますから、一概に参考にすることはできません。しかし最盛期には、当時の日本の人口の二パーセントを超える日本人が信者になったということは評価すべきものがあり、その宣教方策から学ぶことがあると思います。

二〇〇九年の札幌の日本伝道会議で採択された「札幌宣言――二十一世紀における教会のチャレンジ」の中の「文化と宣教」の項目で、次のように提言されています。

「私たちは日本において、人々の心に触れる宣教を志します。日本の精神土壌や霊性を理解し、人々の文化や生活を重んじつつ、人々の心に福音を伝え、福音によって変革された者たちによる新しい文化の創造を目指します。」

この札幌の伝道会議で、「日本文化と宣教」プロジェクトでは、教会が日本の通過儀礼（人生儀礼）に積極的に関わっていくことが提案されました。そのプロジェクトチームの一員で、自分の牧会のなかでの実践と経験から、清野勝男子牧師（土浦めぐみ教会主任牧師）が『キリスト教葬制文化を求めて――聖書的通過儀礼の理論と実践』という本を出版しました。ここにはチャレンジに満ちた提言と実践例が示されています。皆様に一読をお勧めします。

3　夢（ビジョン）を持つこと

今までどちらかというと時代認識や日本の宣教について、ネガティブな面を取り上げてきたかもしれません。最後に夢（ビジョン）を持つことの大切さを語りたいと思います。去年の秋から今年（二〇一六年）の春まで、ＮＨＫの朝の連続テレビ小説で、『あさが来た』が放映されました。ヒロインの白岡あさ（広岡浅子）が幾多の困難、試練に直面しながらも、夢を持ち続け、ひた向きに前に向かって生きていくドラマです。彼女は晩年洗礼を受けるわけですが、彼女の生涯かけての夢の一つが日本最初の女子大学の創設でした。設立された日本女子大学は今もその働きを続けています。

私たちもこうした混迷する時代だからこそ、主からの夢（ビジョン）をいただいて生きていこうと思います。夢というものは、ちょっと手を伸ばせば手に入るようなものは、夢ではありません。生涯かけて追い求め、実現していくものです。皆さんの夢、ビジョンは何ですか。

私は十六歳で入信し、そしてその直後に献身したとき、自分の生涯を地方伝道、特に郷里伝道にささげるビジョンを神様から与えられました。現実には、地方伝道はなかなか困難です。祝福だけではなく、挫折や失望も経験します。しかし主が与えてくださった使命ですから、今日までそのとおりに生きてきました。そうした私を励ましてくれたのは、内村鑑三の「越後伝道」という文章です。

「越後人は甚《はなは》だ頑固である、彼等は容易に基督教を信じない、併《しか》しながら一たび之を信ずれば容易に之を棄てない、越後伝道の困難は茲《こゝ》に在る、其快楽も亦茲に在る。」（『内村鑑三全集　二十巻』一二三頁）

さらに彼はそのあとの文章で、驚くべき預言をしています。

「越後は日本の独逸《ドイツ》である、越後人に独逸人の気風がある、幽鬱《ゆううつ》にして深遠、幽暗《くらき》を歩んで光明《ひかり》を求めて止まず、而して一たび之を認むるや其ために全身を献げて惜しまない、若し日本にルーテルが起るならば彼は多分越後より起こるであらふ」（同書、二一四頁）

私はこの内村の言葉に励まされ、今日まで郷里伝道と聖書学院での神学教育に打ち込んできました。皆様もそれぞれ神様から、他の人とは置き換えられない使命と必要な賜物が与えられていると思います。この揺れ動く時代、それぞれが自分の与えられた場所や働きを主からのものとして喜んで歩むときに、日本の宣教は必ず前進すると信じます。

参考文献

中村敏『日本キリスト教宣教史――ザビエル以前から今日まで』二〇〇九年、いのちのことば社
中村敏『日本プロテスタント神学校史』いのちのことば社、二〇一三年
後藤牧人『日本宣教論』イーグレープ社、二〇一一年
山口勝政『閉塞感からの脱却――日本宣教神学』ヨベル社、二〇一二年
清野勝男子『キリスト教葬制文化を求めて――聖書的通過儀礼の理論と実際』ＩＰＣ出版センター、二〇一一年
『札幌宣言――二十一世紀における教会のチャレンジ』いのちのことば社、二〇一〇年
内村鑑三『内村鑑三全集　二十巻』岩波書店、一九八四年

（二〇一六年三月の御殿場ユースキャンプの特別講義より）

おわりに

このような評論集を出すことは、私の以前からの願いであり、夢でした。今まで私が出版してきたものは、主として神学校の講義や専門分野の研究の積み重ねから生まれてきたものです。ですから、こうした分野に関心のある研究者、教職者や神学生、そして信徒の方々が読んでくださったと思います。

その一方で、私はここ三十年ほどさまざまな教会、教団、超教派の集まりで講演やセミナーを依頼され、奉仕してまいりました。その範囲は、北は北海道から南は沖縄までに及び、多くの方々との幸いな出会いやお交わりが与えられました。それらの奉仕は、日本キリスト教史という私の専門を中心としていますが、戦争と平和に関する問題や韓国との関わり、宣教方策、神学教育、結婚や家庭問題と多岐にわたるようになってきました。

特にここ三、四年安倍政権の再登板に伴い、安全保障問題や改憲問題について、キリスト者としてどのように考え、取り組むべきかという講演や原稿執筆の依頼が増えてきました。また私は十年来、新潟市内の九条の会の呼びかけ人として、平和憲法を守る活動を他の人々とともに一生懸命に取り組んできました。

そうした活動の中から、最近の講演や論文を今回一冊の本にまとめることができました。振り返るとき、戦後生まれの団塊の世代の一人として、私はここまで生きてきました。大学生時代に学生運動に取り組んで以来、キリスト者としてどのように社会や政治に関わっていくかということは、私の大きな関心事であり、課題でした。今回、平和憲法と戦後民主主義の中で生きてきた一キリスト者が、時代の中でどう考え、どう行動してきたかということを残しておきたいと思い、まとめてみた次第です。

本書の「はじめに」に記したように、戦後の歩みの中で私たちは現在大きな岐路に立っています。本書を読まれる方々が、それに対する手がかりや助けや励ましを見いだしていただけたら、本当に幸いです。

今回も、いのちのことば社の出版部の担当者の方々に支えられ、本書を出版することができました。心から感謝申し上げます。また収録した講演の発表や論文の執筆を通してお世話になった方々にこの場を借りて、大きな感謝を申し上げます。

戦後の岐路を決める重要な参議院選挙を前にして

二〇一六年六月十六日

中村　敏

中村　敏（なかむら・さとし）

1949年、新潟県新発田市に生まれる。

岩手大学、聖書神学舎を卒業。米国トリニティ神学校大学院修了。1975年以来今日まで、牧会と神学教育に携わっている。

1989–2008年、日本伝道福音教団新潟聖書教会で牧会。

現在、新潟聖書学院院長、聖書宣教会講師。

著書に『日本キリスト教宣教史 ―― ザビエル以前から今日まで』、『日本における福音派の歴史 ―― もう一つの日本キリスト教史』、『世界宣教の歴史 ―― エルサレムから地の果てまで』『日本プロテスタント神学校史』『日韓の架け橋となったキリスト者 ―― 乗松雅休から澤正彦まで』（以上、いのちのことば社）、『日本プロテスタント海外宣教史 ―― 乗松雅休から現在まで』（新教出版社）などがある。

揺れ動く時代におけるキリスト者の使命
――日本はどこへ行き、私たちはどこに立つのか？

2016年8月15日発行

著　者　中村　敏
印刷製本　モリモト印刷株式会社
発　行　いのちのことば社
〒164-0001 東京都中野区中野2-1-5
電話 03-5341-6922（編集）
03-5341-6920（営業）
FAX03-5341-6921
e-mail:support@wlpm.or.jp
http://www.wlpm.or.jp/

ISBN978-4-264-03592-3

著者の本

日韓の架け橋となったキリスト者
——乗松雅休から澤正彦まで

かつては文化交流などで良好な関係にあった日本と韓国は今、歴史認識の問題をめぐって厳しい状態の中にある。植民地統治や関係不和のなかにありながら、両国の架け橋となることを願って生きた八人の日本人キリスト者の歩みをたどる。

本体 1,000 円 + 税

日本キリスト教宣教史
——ザビエル以前から今日まで

戦国時代後期のザビエルの来日以前から今日に至るまでの福音伝道の軌跡を、豊富な資料を駆使して概観する。キリスト教と日本社会との関わり、国家との葛藤、天皇制とのことにもポイントを置き、これからの日本宣教を考える上での資料を提供する。

本体 3,400 円 + 税

日本プロテスタント神学校史
——同志社から現在まで

教職者の養成。一般信徒の教育、訓練への貢献。そういった目に見える伝道や教会形成上の重要な働きとともに、日本の教会の神学形成の営みにおいても大きな役割を果たしてきた神学校。その明治初期から今日までを概観する、初の本格的研究。

本体 3,600 円 + 税